BIBLIOTHÈQUE

DE FEU

M. JULES THONNELIER

ORIENTALISTE

MEMBRE DE LA SOCIÉTÉ ASIATIQUE ET DE LA SOCIÉTÉ DE L'HISTOIRE DE FRANCE

PARTIE EUROPÉENNE & LIVRES EN MAROQUIN

LA VENTE AURA LIEU

DU LUNDI 20 AU MARDI 28 DÉCEMBRE

à 7 heures 1/2 du soir

RUE DES BONS ENFANTS, 28 (Maison Silvestre)

SALLE N° 1, AU 1er ÉTAGE

COMMISSAIRE-PRISEUR	LIBRAIRE-EXPERT
Me. MAURICE DELESTRE	M. ADOLPHE LABITTE
27, RUE DROUOT, 27	4, RUE DE LILLE, 4

PARIS

ADOLPHE LABITTE, ÉDITEUR

LIBRAIRIE DE LA BIBLIOTHÈQUE NATIONALE

4, RUE DE LILLE, 4

1880

CATALOGUE

DE LA

BIBLIOTHÈQUE EUROPÉENNE

DE FEU

M. JULES THONNELLIER

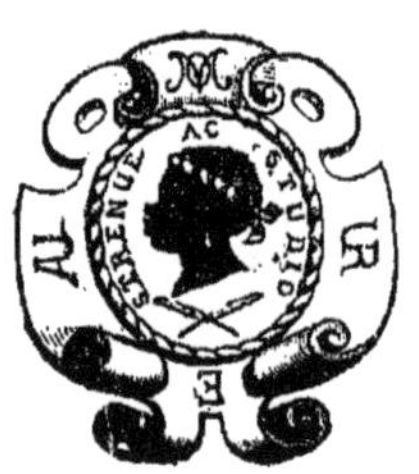

SAINT-QUENTIN. — IMPRIMERIE JULES MOUREAU.

CATALOGUE

DE LA

BIBLIOTHÈQUE

EUROPÉENNE

DE FEU

M. JULES THONNELIER

ORIENTALISTE

MEMBRE DE LA SOCIÉTÉ ASIATIQUE ET DE LA SOCIÉTÉ

DE L'HISTOIRE DE FRANCE

PARIS

ADOLPHE LABITTE, ÉDITEUR

LIBRAIRE DE LA BIBLIOTHÈQUE NATIONALE

4, RUE DE LILLE, 4

1880

Tout le monde aura lu la préface que mon honorable collègue et ami, M. Ernest Leroux a placée en tête de la partie orientale du Catalogue de M. Thonnelier. Les détails qu'il a donnés sur la vie et les travaux de cet orientaliste ne nous permettent pas de revenir sur ces sujets intéressants. Nous ne parlerons donc ici que de la bibliothèque littéraire.

Cette bibliothèque, à bien des titres, doit attirer l'attention des amateurs; tous les livres, y sont en parfait état, beaucoup sont reliés en maroquin. La série des grands classiques dans toutes les langues est presque complète.

Rien n'a été négligé par M. Jules Thonnelier pour rendre sa bibliothèque l'égale des bibliothèques de de Sacy et de Klaproth. La classification adoptée par M. Ernest Leroux dans le catalogue de la partie orientale, en fait ressortir l'étendue et la richesse. Moins nombreuse en livres de valeur, la partie européenne se distingue par le choix des éditions et leur excellente condition.

Nous citerons plus particulièrement : 15. Liber psalmorum *(aux armes de Marie-Josèphe de Saxe)*. — 97. Olivier Maillard, 1515. — 241. Bulletin de la Société géologique de France. 33 vol. in-8. — 310. The art journal. 10 vol. in-4. — 321. Musée de sculpture de

Clarac. — 336. Magasin Pittoresque. 40 vol. in-8. — 469. Passerat, 1608. In-fol. *Exemplaire de dédicace au duc de Sully.* — 572. J.-B. Rousseau, 1795. 4 vol. in-8. mar. *Figures avant la lettre.* — 580. Les Saisons 1769. In-8, maroquin (*anc. rel.*). — 587. Roucher. Les Mois, 2 vol. in-4, maroquin (*aux armes de la comtesse d'Artois*). — 608. Orlando furioso, 1772. 4 vol. in-8. maroquin. — 662. Racine, 1796. 4 vol. in-8. *Figures avant la lettre.* — 667. Regnard, 1799. 4 vol. in-8, maroquin (*Figures*). — 810. Voltaire, 66 vol. in-8. *Figures de Moreau.* — 825. Delille. 16 vol. in-8. Grand papier, maroquin, figures avant la lettre. — 858. Baudrand, Geographia. 2 vol. *aux armes du Grand Dauphin.*

Ce simple aperçu engagera, sans doute, les amateurs à chercher dans ce catalogue, tout ce que nous ne pouvons citer ici.

TABLE DES VACATIONS

CONDITIONS DE LA VENTE

La Vente a lieu expressément au comptant.

Il y aura exposition chaque jour de 2 heures à 4 heures.

Les acquéreurs payeront en sus du prix d'adjudication, 5 centimes par franc, applicables aux frais.

Les livres devront être collationnés sur place. Une fois sortis de la salle, ils ne seront repris pour aucune cause.

M. ADOLPHE LABITTE se chargera de remplir les commissions des personnes qui ne pourraient assister à la Vente.

BIBLIOTHÈQUE EUROPÉENNE

DE

M. JULES THONNELIER

de la Société asiatique.

THÉOLOGIE

Biblia sacra vulgatæ editionis *Antuerpiæ ex officina Plantiniana apud Joannem Moretum*, 1603, in-fol. titre gravé, texte à 2 col. mar. olive fil. tr. dor. (*Reliure ancienne.*)

2. Biblia sacra, vulgatæ editionis. *Parisiis, Vitré*, 1652, 12 vol. in-12, mar. r. fil. tr. dor. (*Rel. mod.*)

2 *bis*. Biblia sacra vulgatæ editionis, cum selectis annotanionibus... Autore J. B. Duhamel. *Lovanii*, 1740, 2 vol. in-fol. frontisp., cart., portr. figures de Bernard Picart, v. gran. ant. fil.

3. Histoire du vieux et du nouveau Testament, représentée avec des figures et explications édifiantes, tirées des S. S. Pères et dédiée à monseigneur le Dauphin, par le sieur de Royaumont. *Suivant la copie imprimée à Paris, chez Pierre Le Petit*, 1712, in-4, figures à mi-pages, veau ant. gr. tr. marbr.

4. La Sainte Bible tr. sur les textes originaux, avec les différences de la Vulgate. *Cologne*, 1739, in-12, mar. vert dent. tr. dor. (*Thouvenin.*)

5. La Sainte Bible contenant l'ancien et le nouveau Testament, traduite en françois sur la Vulgate par M. Le Maistre de Saci. Nouvelle édition ornée de 300 figures gra-

vées d'après les dessins de M. Marillier, *A Paris, chez Defer de Maisonneuve*, 1789, 12 vol. in-8, figures veau jasp. fil. tr. marbr.

6. Sacrorum Bibliorum Vulgatæ Editionis concordantiæ... Emendatæ à Fr. Luca. *Coloniæ Agrippinæ, apud Egmond*, 1684, in-8, frontisp. gr. v. r. quadr. fil. tr. dor. (*Bozerian jeune*.

7. Humfredi Hodii de Bibliorum textibus originalibus, versionibus græcis et latina Vulgata libri IV. *Oxonii*, 1705, in-fol., portrait, demi-rel. cuir de R. avec coins.

8. Vetus Testamentum ex versione Septuaginta interpretum. Edid. Lambertus Bos. *Franequeræ*, 1709, 2 vol. in-4, frontisp. grav. fig. cartes, v. f. ant. fil.

9. Vetus Testamentum ex versione Septuaginta interpretum. Ed. Jo. Jac. Breitingerus. *Tiguri Helvetiorum*, 1730, 4 vol. in-4, fig. v. marbr. ant.

10. Vetus Testamentum græce. Edidit Const. Tischendorf. *Lipsiæ, Brockhaus*, 1850, 2 vol. in-8, demi-rel. chagr. noir avec coins.

11. The Greek Testament, with English notes, critical, philological, and exegetical, especially adapted to the use of theological students and ministers, by the Rev. S. T. Bloomfield. *London*, 1855, 2 vol. in-8, cart. toile.

12. Selectæ e veteri Testamento Historiæ. *Parisiis, apud Estienne*, 1757-1763, 2 parties en un vol. in-12, mar. r. jans. tr. dor. (*Rel. anc.*)

13. Abbrégé de l'histoire et de la morale de l'ancien Testament. *Paris, Desaint*, 1729, in-12 mar. r. dent. tr. dor. (*Anc. rel.*)

13 *bis*. Abrégé de l'histoire de l'ancien Testament, où l'on a conservé, autant qu'il a été possible, les propres paroles de l'Écriture sainte, avec des éclaircissements et des réflexions. *A Paris, chez Desaint et Saillant*, 1753-61, 10 vol. in-12, mar. r. dos orn. fil. tr. dor. (*Rel. anc. bien conservée.*)

14. Commentarius grammaticus criticus in Vetus Testamentum, edidit Maurer. *Lipsiæ*, 1835-1848, 4 vol. in-8, demi-rel. v. br.

15. Liber Psalmorum, vulgatæ editionis, cum notis... *Pari-*

siis, apud Brocas, 1747, 2 parties en un vol. in-12, mar. r. fil. tr. dor. (*Rel. anc.*)

(Aux armes de Marie-Josèphe de Saxe, mère de Louis XVI.)

16. Psalterium græcum e cod. Alexandrino fideler descriptum, Cura et labore H. Baber. *Londini*, 1812, in-fol. demi-rel.

17. Les Psaumes en forme de prières. Paraphrase. *A Paris, chez Daniel Horthemelo*, 1615, in-12, texte à 2 colonnes mar. vert, tr. dor. (*Rel. anc.*)

18. Les Pseaumes dans l'ordre historique, nouvellement traduits sur l'Hébreu et insérés dans l'histoire de David et dans les autres histoires de l'Écriture sainte auxquelles ils ont rapport, etc. *A Paris, chez J. B. Lamesle père*, 1742, in-12, mar. vert, tr. dor. (*Reliure ancienne.*)

19. Traduction nouvelle des Psaumes de David, faite sur l'Hébreu, justifiée par des remarques sur le génie de la langue, par M. Laugeois. *A Paris, chez Lemercier*, 1762, in-12, mar. r. fil. tr. dor. (*Reliure ancienne.*)

20. Le Psautier, par La Harpe, avec une notice par l'abbé de Labouderie. *Paris, Gosselin*, 1824, in-8, mar. bl. fil, tr. dor.

21. Le Sens propre et littéral des Pseaumes de David, exposé brièvement dans une interprétation suivie, avec le sujet de chaque Psaume (par le P. J. P. Lallemant). *A Paris, chez Jean Hérissant*, 1755, in-12, mar. vert, fil. tr. dor. (*Reliure ancienne.*)

22. Les conseils de la sagesse ou le recueil des maximes de Salomon. *Paris, Herissant*, 1689, 2 vol. in-12, mar. r. fil. tr. dor. (*Anc. rel.*)

23. Daniel, secundum Septuaginta, ex tetraplis Origenis nunc primum editus. *Romæ*, 1772, in-fol., veau rac.

24. Lexici in interpretes græcos veteris Testamenti maxime scriptores apocryphos spicilegium. Edit. Joh. Frid. Schlentner. *Lipsiæ*, 1784, in-8, cart.

25. Règles pour l'intelligence des saintes Écritures (par J. J. Duguet, avec une préface par l'abbé J. B. Bidel d'Asfeld). *Paris, J. Estienne*, 1716, in-12, mar. r. tr. dor. (*Reliure ancienne.*)

26. Dissertationes philologicæ de Die mundi et rerum omnium

natali autore Van der Muelen. *Tr. ad Rh.*, 1738, 2 vol. in-4, vélin.

27. Paulus Ricius. De sexcentum et tredecim mosaice sanctionis edictis — Ejusdem Philosophica prophetica et Talmudistica disputatio — Ejusdem de Cabalistarum eruditionem isagage — Ejusdem de novem doctrinarum ordinibus oratio. *Augustæ Vindelicorum*, 1515, pet. in-4, car. r. mar. est. r. large dent. tr. dor. (*Anc .rel.*)

28. Nouvelles dissertations sur plusieurs questions importantes et curieuses, qui n'ont point été traitées dans le commentaire littéral sur tous les livres de l'ancien et du nouveau Testament, par le R. P. Dom Augustin Calmet. *A Paris, chez Emery père*, 1720, in-4, v. ant. jasp.

29. Michaelis... Annotationes in Hagiographos veteris testamenti libros. *Halæ*, 1720, 3 vol. in-fol. vél.

30. Hermanici Witsii miscellaneorum sacrorum libri IV. *Lugduni Batavorum, apud Meyerum*, 1736, 2 vol. in-4, frontisp. gr. fig. vél. blanc, tr. jasp.

31. Augustini Calmet Dictionarium historicum, criticum, chronologicum, geographicum et litterale Sacræ scripturæ. *Augustæ Vindelicorum*, 1759, 2 vol. in-fol., frontisp. fig. cartes, rel. en bois, couverte de v. gran. ant.

32. Dictionnaire portatif, historique, théologique, géographique, critique et moral de la Bible, pour servir d'introduction à la science de l'Écriture sainte (par l'abbé de Barral). *A Paris, chez Musier*, 1759, 2 vol. in-12, texte à 2 col., veau gran. fil. tr. dor.

33. Prolegomena et Dissertationes in omnes et singulos S. scripturæ libros. Edid. R. P. D. Augustino Calmet. *Augustæ Vindelicorum*, 1732, 2 tomes en un vol. in-fol. carte, rel. en bois couverte de peau de truie.

34. Explication de la prophétie d'Isaïe, où selon la méthode des saints Pères, on s'attache à découvrir les mystères de Jésus-Christ, et les règles des mœurs, renfermées dans la lettre même de l'Écriture. *A Paris, chez François Babuty*, 1734, 5 tomes en 6 vol. in-12, mar. bleu, dos orn. fil. tr. dor. (*Rel. anc.*)

35. Christologie des Alten Testamentes und Commentar über

die messianischen Weissagunzen der Propheten, von Hengstenberg. *Berlin*, 1829-1835, 3 tomes en 4 vol. in-8, v. écail. ant. tr. marbr.

36. Johann David Michælis deutsche Uebersetzung des Alten Testaments mit Anmerkungen für Ungelehrte, *Gottingen*, 1773-1783, 13 vol. in-4, cart.

37. A Introduction to the critical study and Knowledge of the Holy scriptures, by Thomas Hartwell Horne. *London, Cadell*, 1825, 4 vol. in-8, demi-rel. mar. vert, tr. marbr.

38. Novum Testamentum. *Lovanii*, 1679, 1 tome en 2 vol. in-12, mar. r. tr. dor. (*Anc. rel.*)

39. Novum Testamentum Græcum, cum lectionibus variantibus, recensuit Kusterus. *Lipsiæ*, 1746, in-fol. mar. r. foncé tr. dr. (Petit).

40. Novum Testamentum Græce. Edit. Griesbad. *Halis Saxonum*, 1827, 2 vol. in-8, v. fauve dent. à froid, tr. marbr.

41. Novum Testamentum Vaticanum Græce. Edidit Tischendorf. *Lipsiæ*, 1867, in-4, demi-rel. mar. noir avec coins, tr. r.

42. Novum J. C. Testamentum. *Parisiis, Hachette*, 1828, in-12, mar. bl. tr. dor.

43. Erasmi Schmidii Opus sacrum posthumum : in quo continentur versio novi Testamenti nova, ad græcam veritatem emendata... *Norimbergæ*, 1658, in-fol. frontisp. portrait, vél. blanc.

44. Le Nouveau Testament de Notre-Seigneur Jésus-Christ. Traduit en françois selon la Vulgate, par M. Le Maistre de Sacy. *A Paris, chez Guillaume Déprez*, 1730, 2 vol. in-8, mar. r. dos orné, fil. tr. dor. (*Reliure ancienne.*)

45. Le Nouveau Testament de N.-S. J.-C., trad. sur la Vulgate par Le Maistre de Sacy. *Paris, Didot*, 1816, gr. in-8, pap. vélin mar. r. fil. dent. tr. dor. (*Purgold.*)

46. Le Nouveau Testament de Notre-Seigneur Jésus-Christ. Traduit en françois avec le grec, et le latin de la Vulgate ajoutez à côté. *A Mons, chez Gaspard Migeot*, 1673, 2 vol. in-8, frontisp. fig. mar. r. fil. tr. dor. (*rel. ancienne.*)

47. Épitres et Évangiles. *Paris, Urbain Canel*, 1825, in-8, figure mar. viol. dent. et comp. à froid sur les plats tr. dor.

48. The Epistles of Paul the Apostle translated, with an exposition, and notes, by the Rev. Thomas Belsham. *London*, 1822, 4 vol. in-8, carte, demi-rel. v. f. tr. marbr.

49. Méditations sur l'Épitre de saint Paul aux Romains. avec le texte latin et françois, partagé par versets, pour sujet de chaque méditation. *A Paris, chez Antonin Deshayes*, 1735, 2 vol. in-12, mar. r. dor. orn. fil. tr. dor. (*Reliure ancienne.*)

50. Introduction to the new Testament, by John David Michælis. Translated from the fourth edition of the German, etc. by Herbert Marsh. *Cambridge*, 1793-1801, 4 tomes en 6 vol. in-8, bas. gran.

51. Harmonia Evangelica, cui subjecta est Historia Christi ex quatuor Evangeliis concinnata. Auctore Joanne Clerico. *Amstelodami*, 1699, in-fol. v. granit. ant.

52. Histoire et concorde des Quatre Evangélistes. *Paris, G. Desprez*, 1712, in-12, mar. v. larg. dent tr. dor. (*Anc. rel.*).

53. Danielis Heinsii sacrarum Exercitationum ad novum Testamentum libri XX. *Lugduni, Batavorum*, 1639, in-fol. v. f ant.

Exemplaire au chiffre et aux troisièmes armes de de Thou.

54. Hugonis Grotii annotationes in Novum Testamentum. Recensuit et præfatione de Socinianismo Hugonis Grotii auxit chr. Ern. de Windheim. *Erlangæ et Lipsiæ apud Tetzschuerun*, 1755-1756, 2 vol. in-4, portrait, demi-rel., mar. vert, tr. marbr.

55. Didymi Taurinensis de pronunciatione Divini Nominis quatuor literarum, cum auctario observationum ad Hebrai cam et cognatas Linguas pertinentium. *Parmæ, Bodonianis*, 1799, v. f. dent. tr. dor., gr. in-8, papier vélin.

56. Die hermeneutik des Neuen testamenti von Wilke. *Leipzig*, 1843, 2 vol. in-8, d. rel. chagr.

57. Explication de la Liturgie ou Messe, exposée en langue grecque par la bouche d'or et prélat de l'Orient, Saint-Jean Chrysostome, faite succintement par D. Nicolas Calimera, religieux grec et abbé de Sainte-Marie à Famagouste. *A Paris, imprimerie de Claude Blageart*, 1665, in-8 de 56 p., tr. dor. bas. fauve comp. dorée sur les plats.

58. Missa apostolica seu divinum sacrificium sancte Apostoli

Petri. *Lutetiæ, Apud Morellum*, 1595, pet. in-8, mar. r. tr. dor. (*Anc. rel.*).

59. Missel de Paris, imprimé par ordre de Monseigneur l'Archevêque de Paris. *A Paris, aux dépens des libraires associés pour les usages du diocèse*, 1788, 4 vol. in-12, mar. r. fil. tr. dor.

60. Orotio Dominica. C L linguis versa et propriis characteribus expressa, edente Marcel. *Parisiis*, 1805, in-4, mar. v. fil. tr. dor.

61. Offices tirés de l'Ecriture Sainte, pour tous les jours du mois, avec les prières du matin et du soir. *A Paris, chez Charles Jean-Baptiste Delespine*, 1743, 2 vol. in-12, mar. vert, large dent. tr. dor. (*Reliure ancienne*).

62. Prières chrétiennes en forme de méditations. *A Paris, chez Théodore Dehansy*, 1752, 2 vol. in-12, mar. vert, dos orn. fil. tr. dor. (*Reliure ancienne*).

63. Le Sacré Collège de Jésus divisé en cinq classes ou l'on enseigne en langue armorique les leçons chrestiennes, avec une grammaire, un dictionnaire et une syntaxe dans la même langue, composé par Julien Maunoir. *A Quimper-Corantin*, 1659, pet. in-8, 131, 176, 78 p. et 1 tableau, d. rel. chag. noir.

Très rare.

64. Instructions générales en forme de catéchisme, où l'on explique en abrégé par l'Ecriture Sainte et par la tradition, l'histoire et les dogmes de la religion, la morale chrétienne, les sacrements, les prières, les cérémonies et les usages de l'Eglise, imprimées par ordre de feu messire Charles Joachim Colbert, évêque de Montpellier, avec deux catéchismes abrégés à l'usage des enfants. *A Paris, du fonds de Nicolas Simart*, 1764, 3 vol. in-12, mar. olive, fil. tr. dor.

65. Collectio nova Patrum et scriptorum græcorum Eusebii Cæsariensis, Athanasii et Cosmæ Ægyptii. Edid. D. Bern. de Montfaucon. *Parisiis*, 1706, 2 vol. in-fol. fig. v. g. gran. ant.

66. Sancti Prosperi opera omnia. *Parisiis, Desprez*, 1711, in-fol. v. br.

67. Sancti Cypriani opera. *Venitiis*, 1758, in-fol. d. rel.

68. Origenis contra Celsum libri VIII, a Davide Hœschelio, græcæ et latinæ. *Augustæ Vindelicorum*, 1605, in-4, par chem. ant.

69. Traité d'Origène contre Cesle ou défense de la religion chrétienne contre les accusations des payens. Traduit du grec par Elie Bouhéreau. *A Amsterdam, chez Henry Desbordes*, 1700, in-4, frontispice de Romain de Hooghe, veau ant. gr. tr. jasp.

70. Tatiani Oratio Ad. Græcos, gr. et lat. *Oxonii*, 1700, in-8, p. de tr. dor.

71. Eusebii præparatio evangelica, gr. et lat. *Parisiis*, 1628, in-fol. vélin.

72. Eusebii Pamphili Cæsaræ Palestinæ episcopi, de demonstratione evangelica libri decem. Græcæ et latinæ. *Parisiis*, 1628, in-fol. parchem. ant.

73. Magni Aurelii Cassiodori, opera omnia. Opera et studio J. Garetii. *Rotomagi*, 1679, 2 tomes en 1 vol. in-fol. v. granit ant.

74. Arnobii Afri disputationum adversus gentes. Libri VII, ed. Jo. C. Orellius. *Lipsiæ*, 1816, 2 vol. in-8, br.

75. Apologétique de Tertulien ou défense des premiers chrétiens contre les calomnies des Gentils (traduite en français par l'abbé Giry), avec des notes pour l'éclaircissement des faits et des matières. *Paris, chez Jacques Collombat*, 1714, in-4, portr., mar. r. fil. tr. dor. (*Reliure ancienne*).

En tête du volume se trouve un superbe portrait de Louis XIV, gravé par S. Thomassin.

76. Florentis Tertulliani liber de Pallio. Edit. Claudius Salmasius, *Lugduni Batavorum*, 1656, in-8, vél. blanc.

77. Minucii Felicis Octavius, cum notis Jacobi Gronovii. *Lugduni Batavroum*, 1709, in-8, mar. vert, tr. dor. (*Thouvenin*).

78. Lucii Cœlii sive Cæcilii Lactantii Firmiani opera omnia, cum notis variorum. *Lipsiæ*, 1739, 2 vol. in-8. frontisp. grav. vél. blanc.

79. Lucii Cæcilii Firmiani Lactantii de Mortibus persecutorum, cum notis variorum, *Trajecti ad Rhen, Halma*, 1692, in-8, titre gravé, vél. blanc.

80. Les Confessions de saint Augustin, trad. en français par

M. Arnaud d'Andilly. *Paris, G. Desprez*, 1695, in-12, mar. v. fil. tr. dor. (*Anc. rel.*),

81. Fides Ecclesiæ Orientalis seu Gabrielis Metropolitæ Philadelphiensis Opuscula... Opera Rich. Simonis. *Parisiis, apud Meturas*, 1671, in-4, v. f. ant.

82. Apologie de la Religion chrétienne, contre l'auteur du christianisme dévoilé, et contre quelques autres critiques, par M. Bergier. *A Paris, chez Humblot*, 1769, 2 vol. in-12, v. ant. marbr.

83. De Imitatione Christi Libr. IV... cum notis, curante G. de Gregory. *Parisiis, Fratr. Didot*, 1833, in-8, v. rel. fil. tr. marbr.

84. Imitation de Jésus-Christ. Traduction nouvelle sur l'édition latine de 1764, revue sur huit manuscrits, par M. l'abbé Valart. *A Paris, chez J. Bardou*, 1766, in-12, figures de Marillier, veau ant. fil. tr. dor.

85. Imitation de J.-C., par Beauzée, avec une notice par l'abbé Laboudorie. *Paris, Ch. Gosselin*, 1824, gr. in-8, mar. bl. fil. comp. à froid, tr. dor.

86. De l'Action de Dieu sur les créatures : Traité dans lequel on prouve la premotion physique par le raisonnement, où, l'on examine plusieurs questions qui ont rapport à la nature des esprits et à la grâce (par Laurent Boursier). *Imprimé à Lille et se vend à Paris, chez François Babuty*, 1713, 6 vol. in-12, r. mar. r. gans. doublé de mar. citron, avec dent. argent. tr. dor. (*Reliure ancienne*).

Exemplaire réglé.

87. Traité de la prière, divisé en sept livres, par M. Nicole. *A Paris, chez Fr. Josse*, 1740, 2 vol. in-12, mar. r. tr. dor. (*Reliure ancienne*).

88. Sentimens d'une âme pénitente sur le psaume Miserere mei Deus, et le retour d'une âme à Dieu, sur le psaume Benedic, anima mea, avec l'ordinaire de la messe et des réflections chrétiennes, par Mme D***. *A Paris, Nicolas Gosselin*, 1746, in-12, figures, mar. vert, dos orn. fil. tr. dor. (*Rel. anc.*).

89. Direction pour la conscience d'un roi, composée pour l'instruction de Louis de France, duc de Bourgogne, par

messire François de Salignac de la Motte-Fénélon. *A La Haye, chez Jean Neaulme*, 1747, in-8, portr. v, ant. tr. r.

90. Instruction sur les dispositions qu'on doit apporter aux sacrements de Pénitence et d'Eucharistie. *A Paris, chez Guillaume Desprez*, 1753, in-12, mar. r. jans. tr. dor. (*Reliure ancienne*).

91. Les provinciales ou lettres écrites par Louis de Montalte, à un provincial de ses amis et aux R. R. P. P. Jésuites, traduites en latin par Guill. Wendrock, en espagnol par le sr Gratien Cordero et en italien par le sr Cosimo Brunetti. *Cologne, chez Balthasar Winfeld*, 1684, in-8, texte à 2 colonnes, veau jasp. fil. tr. dor. (*Armoiries sur les plats*).

92. Les imaginaires ou lettres sur l'hérésie imaginaire, par le sieur de Damvilliers. *A Liège, chez Adolphe Beyer*, 1667, 2 vol. in-12, mar. viol. fil. à froid sur les plats, dent. int. tr. dor.

93. Pensées, fragments et lettres de Blaise Pascal, publiés pour la première fois conformément aux manuscrits originaux, en grande partie inédits, par M. Prosper Faugère. *Paris, Andrieux*, 1844, 2 vol. in-8, port. demi-rel. veau fauve tr. marb.

94. Pensées chrétiennes ou entretiens de l'âme fidèle avec le Seigneur, pour tous les jours de l'année, par un prêtre français exilé pour la foi. *A Londres, de l'imprimerie de T. Baylis*, 1801, 5 vol. in-12, portr., mar. noir, dent. tr. dor.
Chiffres sur les plats.

95. R. Patris Thomæ Sanchez Cordubensis e Societate Jesu de Sancto Matrimonii Sacramento disputationum libri. *Lugduni*, 1669, 3 parties en un vol. in-fol., cart.

96. De l'Abus des nuditez de gorge (par l'abbé Boileau) *à Bruxelles chez Fr. Foppens*, 1775. — Discours de la nudité des mamelles des femmes par un révérend père capucin ; publié pour la première fois, d'après un manuscrit du XVIIIe siècle, avec une préface et une bibliographie par Ch. D. *Gand Duquesne*, 1857. Ens. 2 ouvrages réunis en 1 vol. in-12, papier vergé, demi rel. v. viol. tr. jasp.
Tiré à petit nombre.

97. — OLIVERII MAILLARDI sermones dominicales *Parrhisiis Joh. Petit*. 1515, pet. in-8, goth. à 2 col., mar. br. jans. tr. dor. (*Petit*).

98. Novum diversorum sermonum opus, Rev. Patr. Oliverii Maillardi. *Parisiis J. Parvus. S. A.*, 2 part. en 1 vol. in-8, goth. cartonné.

99. Recueil des Oraisons funèbres, prononcées par messire Esprit Fléchier, évêque de Nîmes. Nouvelle édition, dans laquelle on a ajouté un précis de la vie de l'auteur. *A Paris, chez Desaint et Saillant*, 1760, in-12 v. écaille, fil. dent. intér. tr. dor.

100. Inscription antique de la vraye croix de l'abbaye de Grandmont, avec un sermon de la passion par M. François Ogier. *A Paris, chez Jean Henault*, 1658, petit in-8. v. ant.

101. Discours de piété sur les plus importants objets de la religion, ou sermons pour l'Avent, le Caresme et les principaux mystères. *A Paris chez Desaint et Saillant*. 1745, 3 vol. in-12, mar. r. dos, orn. fil., tr. dor. (*reliure ancienne*).

102. Eusebii Pamphili ecclesiasticæ historiæ libri decem, Graece et latine. Edid. Henr. Valesius. *Parisiis*, 1659, in-f. v. gran. ant.

103. Socratis scholastici et Hermiæ Sozomeni Historia ecclesiastica. Graecè et latinè. Edid. Henr. Valesius. *Parisiis*, 1608, in-fol. v. br. ant.

104. Theodoreti historia ecclesiastica, ed. Valesius. 1673, in-fol., v. br.

105. L'Histoire de Theodorite, evesque de Cyropolis, ville de Medie : en laquelle sont contenues les choses dignes de mémoire advenues en la primitive Eglise, tant du règne de l'empereur Côstantin le grand, comme de ses successeurs propre à ce temps. Traduit du Grec en Français par D. M. Matthée. *A Paris, chez Hierosme de Marnef et Guillaume Canellat*, 1569, in-16, v.

106. Joh. Laurent. Moshemii de Rebus christianorum ante Constantinum magnum commentarii. *Helmstadii, apud Weygand*, 1753, in-4, v. br. ant.

107. Jo. Laur. Moshemii Institutionum Historiæ Ecclesiasticae libri IV. Ed. alt. *Helmstadii, apud Weygand*, 1764, in-4, v. marbr. ant.

108. Moshemii Dissertationes ad Historiam Ecclesiasticam

pertinentes. *Altonæ et Lubecae*, 1767, 2 vol. in-8, portrait. demi-rel. v. f.

109. Histoire de l'Eglise par Messire Antoine Godeau, évêque et Seigneur de Vence. *Suivant la copie imprimée à Paris, à Bruxelles chez Eug. Henri Fricx*, 1681, 6 vol. in-12, mar. r. dos. fil. tr. dor. (*rel. anc.*)

110. Histoire générale de l'Eglise Chrétienne depuis sa naissance jusqu'à son dernier état triomphant dans le ciel; tirée principalement de l'apocalypse de saint Jean apôtre. Ouvrage traduit de l'anglois de Mgr Pastorini, par un religieux Bénédictin de la Congrégation de Saint-Maur. *A Rouen chez Leboucher le jeune* et se trouve *à Paris chez Durand*, 1777, 3 vol. in-12, mar. r. fil. tr. dor.

Aux armes de Denis, sieur de Lansac, conseiller au parlement de Bordeaux.

111. Histoire de l'établissement du christianisme, tirée des seuls auteurs juifs et païens; où l'on trouve une preuve solide de la vérité de cette religion, par l'abbé Bullet. *Paris Adrien Le Clère*, 1825, in-8, demi-rel., veau fauv. tr. jasp.

112. Geschichte der christli-chkirchlichen Gesellschafts — Verfassung, von Dr. G. J. Planck. *Hannover*, 1803-1809, 5 vol. in-8, demi-rel. v. f.

113. Défense de l'antiquité des tems, où l'on soutient la tradition des Pères et des Eglises, contre celle du Talmud; et où l'on fait voir la corruption de l'Hébreu des Juifs; par le père Dom Paul Pezron. *A Paris chez Jean Boudot*, 1691, in-4, veau ant. tr. jasp.

114. Defensio declarationis celeberrimæ, quam de Potestate Ecclesiastica sanxit clerus Gallicanus 19 martii 1682. Edidit Jac. Ben. Bossuet. *Luxemburgi*, 1730. 2 tomes en 1 vol. in-4, v. marbr. ant.

115. Defensio declarationis conventus cleri Gallicani An. 1682. De ecclesiastica potestate. Autore J. B. Bossuet. *Amstelodanis*, 1745, 3 vol. in-4, v. f. ant.

Les deux derniers volumes contiennent la traduction en français.

116. Discours sur l'histoire ecclésiastique par M. l'abbé Fleury. *A Paris chez Jean Mariette*, 1724, 3 vol. in-12, v. gr.

117. Les Vies des Saints de l'ancien testament. *A Paris chez Jean de Nully*, 1703. — Topographie des Saints où l'on rapporte les lieux devenus célèbres par la Naissance, la Demeure, la Mort, la Sépulture et le Culte des Saints. *A Paris chez Jean de Nully*, 1707, 2 vol. in-8, mar. vert, fil. tr. dor. (*Reliure anc.*) *Armoiries Royales sur les plats.*

118. Les vies des Saints pour tous les jours de l'année, avec l'histoire des mystères de N. Seigneur. *A Paris chez Ph. N. Lottin*, 1730, 6 vol. in-12, v. ant. gr.

119. Vies des Pères des Martyrs et des autres principaux saints, Tirées des actes originaux et des Monuments les plus authentiques avec des notes historiques et critiques. Ouvrage traduit de l'Anglois. *A Paris chez Barbou*, 1763-71, 8 vol. in-8, mar. vert, tr. dor. (*reliure ancienne*).

Chaque volume (excepté le tome VIII) porte l'ex Libris de MADAME VICTOIRE DE FRANCE.

120. A. Gallonii De sanctorum Martyrum cruciatibus, liber. *Coloniæ*, 1602, in-12, figures mar. v. dent non rogné. (*Petit-Simier*).

121. De SS. Martyrum Cruciatibus, Antonii Gallonii presbyteri liber *Parisiis*, 1659, in-4, v. br.

Exemplaire de Longepierre. Les figures sont d'Antonio Tempesta.

122. Historie der Martelaren, die om het getuygenisse der Evangelischer waerheydt haer bloedt gestort hebben, van de tijden Christi onses Salighmaeckers af tot den jare sesthien hondert vijf-en-vijftigh toe. *Dordrecht, by Jacob Braat*, 1659, in-fol. car. goth. frontisp. grav. nombr., figures à mi-pages, vél. blanc.

123. Acta primorum martyrum, opera Ruinart. *Amst*, 1713, In-fol, v. br.

124. Théâtre des Martyrs représenté en tailles douces par le célèbre Jean Luiken *S. L.* 1738. Se vend chez M. Schagen in-4, oblond parch. n. rog.

104 planches gravées.

125. Histoire des papes, crimes, meurtres, empoisonnements, parricides, adultères, incestes, depuis saint Pierre jusqu'à Grégoire XVI; crimes des Rois, des Reines et des Empereurs. Edition illustrée de gravures sur acier, exécutées par nos meilleurs artistes. *Paris administration de la librairie*,

1842-1844; 10 vol. gr. in-8, figures demi-rel. v. viol. tr. jasp. en couleur.

126. Histoire des Flagellans, où l'on fait voir le bon et le mauvais usage des flagellations parmi les chrétiens, traduite du latin de M. l'abbé Boileau. *A Amsterdam chez François vander Plaats*, 1701, in-12, veau, gran. tr. jasp.

127. Mémoires pour servir à l'histoire de la fête des foux qui se fesait autrefois dans plusieurs Eglises, par M. du Tilliot. *A Lausanne et à Genève chez Marc Michel Bousquet*, 1741, in-4, planches gravées, v. ant.

128. Choix des lettres édifiantes écrites des missions étrangères. *A Paris chez Maradan*, 1808-1809, 8 vol. in-8, veau rac. tr. jasp.

129. Histoire des variations des églises protestantes par messire Jacques Benigne Bossuet. *A Paris chez la veuve de Sébastien Mabre-Cramoisy*, 1689, 4 tomes en 2 vol. in-12, veau ant.

130. Mémoires de Luther écrits par lui-même, traduits et mis en ordre par J. Michelet. *Paris Adolphe Delahays*, 1854, 2 vol. in-8, demi-rel. veau, faur. tr. jasp.

131. Histoire des Anabaptistes contenant leur doctrine, les diverses opinions qui les divisent en plusieurs sectes. Les troubles qu'ils ont causez et enfin tout ce qui s'est passé de plus considérable à leur égard, depuis l'an 1521 jusques à présent. *A Amsterdam chez Jaques Desbordes*, 1699, in-12, figures, v. gran. tr. jasp.

132. Leo Allatius, De templis græcorum recentioribus, nec non de Græcorum hodie opinationibus. *Coloniæ*, 1645, in-8, v. br.

133. De Russorum, Moscovitorum et Tartarum Religione. *Spirae, Bernadi Albini*, 1582, in-4, demi-rel. chag. noir. Mouillures.

134. Travels of an Jrish Gentleman in search of a Religion with notes and illustrations by Thomas Moore. *Paris*, 1835, in-8, demi-rel. bas. viol. tr. marbr.

135. Dissertations of subjects of science connected with natural Theology : being the concluding volumes of the new edition of Paleyh's work, by Henry Lord Brougham. *London* 1839, 2 vol. in-8, cart. toile, non rog.

136. Theologica. — Recueil de divers ouvrages; étude de la religion phrygienne de Cybèle, par Ch. Lenormand. — Notice sur l'époque de l'établissement des Juifs dans l'Abyssinie, par M. L. Marcus. -- Du rabbinisme et des traditions juives, par Michel Berr, 1832. — Etc. Ensemble 2 vol. in-8, demi-rel. mar. r. avec coins, fil.

137. Abrégé de l'origine de tous les cultes; par Dupuis. *A Paris chez H. Agasse an VI de la République*, in-8, demi-rel., veau, faur, tr. marbr.

138. Origine de tous les cultes ou religion universelle ; par Dupuis. *Paris, Louis Rosier*, 1834-36 : 10 vol. in-8, portr. demi-rel., veau, brun, tr. jasp.

139. Historiæ poeticœ scriptores antiqui, gr. et lat. *Parisiis* 1675, in 8, v. f. fil. tr. dor. (*Petit*).

139 *bis*. Appolodori Atheniensis Bibliothecæ libri tres et fragmenta. Edidit Chr. G. Heyne, *Gottengæ*, 1803, in-8, demi-rel. mar. noir, non rog.

140. Bibliothèque d'Appolodore l'Athénien. Traduction nouvelle, avec le texte grec revu et corrigé des notes et une table analytique par E. Clavier. Paris imprimerie *de Delange et Lesueur* an XIII, 1805, 2 vol. in-8, veau jasp. dent. tr. marbr.

141. Essai sur la religion des anciens grecs (par Le Clerc Septchênes). *A Genève chez Barde Manget*, 1787, 2 vol. in-8, papier de Hollande, mar. vert, tr. dor. (*Reliure ancienne*).

142. Introduction à l'étude de la mythologie ou essai sur l'esprit de la religion grecque par C. B. Eméric David *Paris imprimerie royale*, 1833, in-8, fig. br.

143. Galerie Mytholog. gravée par François Stoeber. *Berlin. S. D.* in-8, cart. fig.

144. Wörterbuch der Mythologie aller Volker, von Bollmer. *Stuttgard*, 1851, gr. in-8, cart. 120 planches.

145. Dictionnaire de la Fable, par Fr. Noël. *Paris Le Normant*, 1810, 2 vol. in-8, figure veau rac. tr. marbr.

146. La Religion des Gaulois tirée des plus pures sources de l'antiquité par le R. P. dom Martin. Ouvrage enrichi de figures en taille-douce. *A Amsterdam chez Pierre Decoux*, 1750, 2 tomes en 1 vol. in-4, bas.

147. Histoire des sectes religieuses, qui, depuis le commencement du siècle dernier jusqu'à l'époque actuelle, sont nées, se sont modifiées, se sont éteintes dans les quatre parties du monde, par M. Grégoire. *Paris Potey*, 1814, 2 vol. in-8, mar. r. fil. tr. dor. (*reliure ancienne*).

JURISPRUDENCE

148. Les pénalités en France. Supplices, prisons et grâce en France, d'après des textes inédits par Charles Desmaze. *Paris Henri Plon*, 1861, in-8, figures, br.

149. Seldenus de successionibus ad leges Ebræorum liber, *Lugd. Bat. Ex off. Elz.*, 1638, in-12, mar. r. tr. dor. (*anc. rel.*)

150. Les Coutumes de Beauvoisis par Philippe de Beaumanoir. Nouvelle édition, publiée d'après les manuscrits de la bibliothèque royale par le comte Beugnot. *A Paris chez Jules Renouard*, 1842, 2 vol. in-8, br.

151. Commentaire sur l'esprit des lois de Montesquieu, par M. le comte Destutt de Tracy. Suivi d'observations inédites de Condorcet et d'un mémoire sur cette question : Quels sont les moyens de fonder la morale d'un peuple? *A Paris chez Théodore Desoer*, 1819, in-8, demi-rel. veau brun, tr. marbr.

152. Dictionnaire général et raisonné de législation, de doctrine et de jurisprudence, en matière civile, commerciale, criminelle, administrative et de droit public, par Armand Dalloz. *A Paris au bureau de la jurisprudence générale*, 1835-41, 5 vol. in-4, et un de tables demi-rel. veau fauve, tr. jasp. (*Bibolet*).

SCIENCES ET ARTS

SCIENCES PHILOSOPHIQUES, ÉCONOMIQUES, NATURELLES, MÉDICALES, MATHÉMATIQUES, ARTS DIVERS.

153. Historia philosophiae, auctore Thoma Stanleio, *Lipsiæ*, 1711. In-4, vél. blanc.

154. Beitraege zur Philosophie und Geschichte der Religion und sitten lehre überhaupe und der Veischiedenem Glaubensarten und Kirchen insbesondere, herausgegeben von C. F. Stüudlin. *Lübeck*, 1797-1799, 5 vol. in-8, écail. ant. tr. marbr.

155. Allgemeines Handworterbuch der philosophischen Wissenscheften, nebst ihrer Literatur und Geschichte, von D. Wilh. Tr. Krug. *Leipzig*, 1832-1834. 4 vol. in-8, cart.

156. Handbuch der Geschichte der Griechisch-Romische, Philosophie, von Chr. Aug. Brandis. *Berlin, Reimer*, 1835-1866. 3 tomes en 6 vol. in-8, demi-rel. mar. viol. avec coins.

157. Historia Philosophiae graeco-Romanae. Edidit S. Preller. *Hamburgi*, 1838. In-8, demi-rel. v. f. tr. jasp.

158. Die Philosophie, im Fortgang der Weltgeschichte, von Windischmann. *Bonn*, 1827-1834. Tome I[er] en 4 parties rel. en 3 vol. in-8, demi-rel. cuir de R. avec coins, fil. tr. peign.

Tome I. contenant : *Die Grundlagen der Philosophie im Morgenland.*

159. Diogenes Laertii de Vitis, Dogmatibus et apophtegmatibus clarorum philosophorum libri X. Graece et latine edidit Meibomius. *Amstelodami, apud Wetstenium*, 1693. 2 vo . in-4, frontisp. gr. portr. v. br. ant.

160. Œuvre de Platon, traduite par Victor Cousin, *Paris, Bossange frères*, 1822-1840. 13 vol. in-8 demi-rel. veau rose tr. marb. (*Wagner*).

161. Apologie de Socrate d'après Platon et Xénophon, avec des remarques sur le texte grec, et la traduction française par François Thurot. *A Paris, chez Firmin Didot*, 1806. In-8 veau viol. compart. à froid sur les plats tr. marbr. fil. (*Bigot*).

162. Aristotelis opera omnia quæ extant, gr. et lat,, ed. Du Val. *Lut, Par.*, 1619. 2 vol. in-fol. demi-rel.

163. Aristotelis ethicorum libri X. Gr. et lat., C. not Wilkinson. *Oxonii*, 1803. Gr. in-8, mar. bl. fil. tr. dor. (*Petit*).

164. Aristotelis stagiritae, Peripateticorum principis, naturalis aus cultationis libri VIII. Graece et latine. *Francoforti*, 1596. In-8, v. f. fil. dent. int. tr. dor. (*Petit*).

165. La Métaphysique d'Aristote. Traduite en vers pour la première fois, accompagnée d'une introduction, d'éclaircissements historiques et critiques, et de notes philosophiques, par Alexis Pierron et Charles Zévort. *Paris, Ebrard*, 1840. 2 vol. in-8, demi-rel. bas.

166. Essai sur la Métaphysique d'Aristote, par Félix Ravaisson. *Paris, imprimerie royale*, 1837-1846. 2 vol. gr.in-8 br.

167. Simplicii Commentarii in octo Aristotelis physicae aus cultationis libros cum ipso Aristotelis. Text graec. (In fine). *Venetiis in Aedibus Aldi*, 1526. Pet. in-fol., mar. r. dent. tr. dor. (*Petit*).

168. Simplicii commentarius in IV libros Aristotelis de cœlo; gr. ex recensione Karstenii. *Traj. ad Rh.*, 1865. In-fol., cartonné.

169. Magni Augustini Niphi commentaria, in octo libros topicorum Aristotelis......... *Parisiis*, 1542. In-fol., v. f. fil. et fleurons sur les plats, dent. int. tr. dor (*Rel. moderne*).

170. Sentences de Theognis de Phocyclide, de Pythagore, et des Sages de la Grèce, recueillies et traduites par M. Levesque. *A Paris, chez Didot l'aîné*, 1783. In-16 v. écaille, fil.

171. La morale d'Épicure, tirée de ses propres écrits, par M. l'abbé Batteux. *A Paris, chez Desaint et Saillant*, 1758. In-12, frontisp. veau mart. tr. r.

172. Pensées morales d'Isocrate, extraites de ses œuvres et traduites par M. l'abbé Auger. *A Paris, chez Didot l'aîné*, 1782. In-16, v. écaille fil. tr. dor.

173. Timée de Locres en grec et en français avec des notes par le Mis d'Argens. *Berlin*, 1763. In-12 mar. r. fil. tr. dor. (*Anc. rel.*).

174. Porphyrii Philosophi de abstinentia ab esu animalium libri quator. Edid. Jo. Bern. Reiskius, graece et latine, *Trajecta ad Rhen.*, 1767. In-4, v. br. ant, dent., à froid, tr. marbr. (*Thouvenin jeune*).

175. Philostratorum quae supersunt omnia, edidit G. Olearius, graece et latine. *Lipsiae*, 1709. In-fol. vél. blanc.

176. Philostrate, de la vie d'Appolonivs, par Blaise de Vi-

genere Bovrbonnois. *A Tovrnon, par Clavde Michel,* 1611. Pet. in-8 veau ant. tr. r.

177. PHILOSTRATE. Vie d'Apollonius de Tyane, avec les commentaires donnés en anglais, par Ch. Bloundt. *Amst. Rey,* 1779. 4 vol. in-12 mar. r. fil. tr. dor. (*Petit*).

178. Réflexions morales de l'empereur Marc-Antonin, avec des remarques de M. et madame Dacier. *A Amsterdam, chez François l'Honoré et fils,* 1740. In-12, frontisp. portr. veau marbr. fil. tr. r.

179. Pensées de l'Empereur Marc Aurèle Antonin, trad. du grec, par M. de Joly. *Paris, Renouard,* 1796. In-12, gr. pap. vélin mar. vert. fil. tr. dor. (*Bradel*).

180. Theophrasti Eresii quae supersunt opera. Gr. et lat. edid. Linkiüs et Schneider. *Lipsiae Vogelii,* 1818-1821. 5 vol. in-8, demi-rel. mar. r. avec coins, tête dor. ébarb.

181. Les caractères de Théophraste, d'après un manuscrit du Vatican, par Coray. *A Paris chez J. J. Fuchs,* l'an VII-1799. In-8, port., veau fauv. fil. tr. jaun.

182. Dissertations de Maxime de Tyr, philosophe platonicien, traduite sur le texte grec, avec des notes critiques, historiques et philosophiques, par J. J. Combes-Dounous. *A Paris chez Bossange. Masson et Besson, an XI,* (1802). 2 vol, in-8, papier vélin, mar. r. dent. fil. tr. dor. (*Bozerian*).

183. Ocellus Lucanus, de la nature de l'univers, avec la traduction françoise et des remarques, par M. l'abbé Batteux. *A Paris, chez Saillant,* 1768. In-8, veau marbr, tr. r.

Aux armes de Jean de Boullongne, comte de Nogent, conseiller au Parlement de Metz.

184. Antonius. Liberalis. Transformationum Congeries, interprete G. Xylandro, Th, Munckerus, recensuit. Gr. et lat. *Amstel. Janssonius,* 1676. In-12 mar. r. fil. tr. dor.

185. Les Œuvres de Philon, juif et philosophe très grave, translatées de grec en françois, par Pierre Bellier. *Paris, Chappelain,* 1612. In-8, mar. v. (Court de marges.)

186. Tullii Ciceronis Academica. *Cantabrigiæ,* 1736. In-8, v. f. fil. dent. int. tr. marbr.

187. Les livres académiques de Cicéron, traduits et éclaircis, par M. de Castillon. *A Berlin, chez G. J. Decker,* 1779. 2 vol. in-8, v. fauv. fil. tr. jasp.

188. Le Songe de Scipion, par Cicéron. — Introduction à la morale, par Léonard Arétin. — Un raccourcy des vertus et des vices, par Aristote, traductions nouvelles. *Paris, Vᵉ Gervais Alliot*, 1661. In-12 mar. br. tr. dor. (*Petit*).

189. Tusculanes de Cicéron, traduites par messieurs Bouhier et d'Olivet. *A Paris, chez Barbou*, 1766. 2 vol. in-12 veau fauv. antiq. fil. tr. dor.

190. Pensées morales de Cicéron, recueillies et traduites par M. Levesque. *Paris, Didot l'aîné et de Bure*, 1782. In-18, papier vélin mar. rouge dent. tr. dor. (*Reliure ancienne*).

191. Annaei Senecae opera, quae extant..... *Amstelodami, apud Elzevirium*, 1672. 3 vol. in-8, frontisp. gr. portr. vél. blanc.

192. Œuvres complètes de Sénèque, le philosophe. avec la traduction en français, publiées sous la direction de M. Nisard. *Paris, J. J. Dubochet*, 1838. Gr. in-8, texte à 2 colonnes, demi-rel. chagr. vert. tr. j.

193. Lucii Apuleii madaurensis Platonici philosophi opera. Interpretatione et notis illustravit Julianus Floridus. *Parisiis, Leonard*. 1688. In 4, frontisp. grav. v. marbr. ant. tr. dor.

194. Boetii De consolatione philosophiæ (ad finem). *Per un Johannem de Westfalia*, 1484. Pet. in-fol. goth. v.

Édition rare.

195. Boethii De consolatione philosophiæ libri. *Patavii*, 1744. In-8 mar. v. fil. tr. dor. (*Petit*).

196. L'Horloge des Princes avec le tresrenommé livre de Marc Aurelle recueilly par don Antoine de Gecuare. Euef. que de Guadix et Mondouedo. Traduit en partie de castillan en françois, par feu N. de Herberay, seigneur des Essars. *A Paris, chez Jean le Bouc*. 1588. In-8 parch, ant. à recouvr.

197. Les essais de Michel de Montaigne. Nouvelle édition enrichie et augmentée aux marges du nom des auteurs qui y sont cités, avec les versions des passages grecs, latins et italiens. *A Paris, Laurent Rondet*, 1669. 3 vol. in-12, frontispice gravé et répété à chaque volume, veau fauv. fil. tr. dor.

198. Essais de Michel de Montaigne, avec les notes de tous les

commentateurs *A Paris, chez Lefèvre*, 1823.5 vol. in-8, portr. demi-rel. veau bleu. tr. marbr. (*Bibolet*).

199. De la Sagesse, trois livres, par Pierre Charron. Nouvelle édition, publiée avec des sommaires et des notes explicatives, historiques et philosophiques, par Amaury Duval. *A Paris, chez Chasseriau*, 1820. 2 vol. in-8 demi-rel. veau brun tr. marbr. (*Bibolet*).

200. Maximes de La Rochefoucauld avec des notes et variantes précédées d'une notice biographique et littéraire. *Paris, chez Malepeyre*, 1825, in-8, portr., demi-rel. veau fauve, tr. marbr. (*Bibolet*)

201. Les caractères de La Bruyère suivis des caractères de Théophraste, traduit du grec par le même. *Paris, chez Werdet et Lequien, fils*, 1827, 2 vol. in-8, portrait demi-rel. veau viol, tr. marbr.

202. Vauvenargues. Œuvres et les œuvres inédites, publ. par Gilbert *Paris, Furne*, 1857. 2 vol. in-8, chagr. r. dent, tr. dor.

203. Histoire des causes premières ou exposition sommaire des pensées des philosophes sur les principes des êtres, par M. l'abbé Batteux. *A Paris, chez Saillant*, 1769, in-8, mar. bleu, doublé de tabis, dent. tr. dor. (*Bozerian*).

204. Œuvres complètes d'Helvétius. *A Paris, imprimerie de P. Didot, l'an III de la République*, 1795, 14 vol. in-18, veau rac., dent. tr. jasp.

205. Supplément à la philosophie de l'histoire de feu M. l'abbé Bazin, nécessaire à ceux qui veulent lire cet ouvrage avec fruit. *A Amsterdam, chez Changuion*, 1769, in-8, veau marbr. tr. r.

206. Des erreurs et des préjugés répandus dans les diverses classes de la société par J. B. Salgues. *A Paris, chez Mme Ve Lepetit*, 1818-30, 4 vol. in-8, demi-rel. veau vert. tr. marbr.

207. Dieu, la nature et l'homme ou le triomphe de la religion chrétienne. par Baillot de Saint-Martin. *A Paris, chez l'auteur*, 1823. 2 vol. in-8, figures, demi-rel. veau fauve, tr. marbr.

208. De l'entendement et de la raison. Introduction à l'étude

de la philosophie par J. F. Thurot, précédé d'une notice sur la vie et les ouvrages de l'auteur. *Paris*, *Aimé André*, 1833, 2 vol. in-8, veau viol. comp. à froid sur les plat. r. marbr.

Exemplaire de Boissonade.

209. Idées sur la philosophie de l'histoire de l'humanité par Herder. Ouvrage traduit de l'allemand et précédé d'une introduction par Edgar Quinet. *Paris*, *chez F. G. Levrault*. 1834, 3 vol. in-8, demi-rel. veau rose tr. marbr.

210. Meditations and contemplations by the R. James Hervey. *London*, *W. Y.*, 2 vol. gr. in-8, v. f. (*Rel. angl.*).

Fig. de Corbould sur Chine.

211. La politique d'Aristote ou la science des gouvernements. Ouvrage traduit du grec, avec des notes historiques et critiques par le citoyen Champagne. *A Paris*, *Antoine Bailleul*, *an V de la République française* (1797), 2 vol. in-8, papier vélin, v. fauv. fil. tr. dor.

212. Politique d'Aristote trad. par Barthélemy St-Hilaire. *Paris*, 1837, 2 vol. in-8, chagr. r. fil. tr. dor.

213. Pléthon. Traité des lois ou recueil des fragments en partie inédits, de cet ouvrage, texte revu sur les manuscrits, précédé d'une notice historique et critique, et augmenté d'un choix de pièces justificatives, la plupart inédites par C. Alexandre. Traduction par A. Pellissier. *Paris*, *librairie de Firmin Didot*, *frères*, 1858, in-8, br.

213 *bis*. Le Parfait courtisan du comte Baltazar Castillonnois en deux langues, répondant par deux colonnes l'une à l'autre, pour ceux qui veulent avoir l'intelligence de l'une d'icelles, de la traduction de Gabriel Chapuis. *Paris*, *chez Claude Micard*, 1585, pet. in-8, v. ant.

Fortes mouillures.

214. Eléments philosophiques du citoyen. Traité politique où les fondements de la société civile sont découverts par Thomas Hobbes et traduits en français par un de ses amis *A Amsterdam*, *impr. de Jean Blaev*, 1649, pet. in-8 veau, ant.

215. J. Bodin et son temps. Tableau des théories politiques et des idées économiques au XVIe siècle par Henri Baudrillart. *Paris*, *Guillaumin*, 1853, in-8, demi rel. veau vert tr. jasp.

216. Politique tirée des propres paroles de l'Ecriture sainte, à M. le Dauphin. Ouvrage posthume de messire Jacques Benigne Bossuet. *A Paris, chez Pierre Cot*, 1709, in-4, v. f. fil.

Superbe portrait de Bossuet gravé par Edelinck d'après le tableau de M. Rigault.

217. Essai d'instruction morale, ou les devoirs envers Dieu, le Prince et la Patrie, la société et soi-même; à l'usage des jeunes gens élevés dans une monarchie et plus particulièrement des jeunes français (par M. le chevalier de l'Espinasse de Langeac.) *A Paris, Brunot Labbé*, 1812, 2 vol. in-4, 2 portraits de Napoléon Ier, mar. r. dos orn. dent. fil. tr. dor.

218. Théorie de l'autorité appliquée aux nations modernes ou traité de la souveraineté nationale par C. Bernal. Traduit et annoté par Egmont Vachin. *Paris, Didier*, 1861, 2 vol. in-8, demi-rel. veau rose tr. jasp.

219. Essai sur le principe de population par Malthus, traduit de l'anglais par MM. Pierre et Guillaume Prévost, précédé d'une introduction par P. Rossi. *Paris, Guillaumin*, 1852, gr. in-8, port. demi rel. avec coins cuir de R., fil. tête dor. n. rog. (*Petit.*)

220. Joannis Lannoii de Scholis celebrioribus a carolo magno per occidentem instauratis liber. *Lutetiæ Parisiorum*, 1672, in-8, vélin.

221. Principes d'économie politique, avec quelques-unes de leurs applications à l'économie sociale, par M. John Stuart Mill, traduits par MM. H. Dussard et Courcelle Seneuil. *Paris, Guillaumin*. 1861, 2 vol. in-8 br.

222. Principes d'Economie politique, suivis de quelques recherches relatives à leur application et d'un tableau de l'origine et du progrès de la science par Mac Culloch. Traduit de l'anglais par Augustin Planche. *Paris, Guillaumin*, 1863, 2 vol. in-8. demi rel. avec coins, mar. viol. tr. jasp.

223. Traité d'économie politique, exposé didactique des principes et des applications de cette science, et de l'organisation économique de la société par Joseph Garnier. *Paris, Garnier, frères*, 1863, in-12, demi rel. veau fauv. tr. jasp.

224. Recherches sur la nature et les causes de la richesse

des nations par Adam Smith. Traduction de Germain Garnier. *Paris, Guillaumin*, 1859, 3 vol. in-12, demi rel. chagr. r. avec coins fil, tr. peign.

225. Traité sur le commerce de la Mer-Noire, par M. de Peyssonel. *A Paris, chez Cuchet*, 1787, 2 vol. in-8, cartes, veau ant. marb. tr. jasp.

226. Métrologie ou traité des mesures, poids et monnaies des anciens Peuples et des modernes. *A Paris, chez la Vve Desaint*, 1780, in-4, v. ant. marbr.

227. Métrologie ou tables pour servir à l'intelligence des poids et mesures des anciens, et principalement à déterminer la valeur des monnaies grecques et romaines; par M. de Romé de L'Isle. *Paris, impr. de Monsieur*, 1789, in-4, demi rel. bas. verte, non rog.

228. Traité de la première invention des monnaies de Nicolas Oresme, par Wolowski. *Paris, Guillaumin*, 1864, gr. in-8, chagr. r. tr. dor. (*Petit*).

229. Recherches sur la valeur des monnaies et sur le prix des grains, avant et après le concile de Francfort. *A Paris, chez Nyon*, 1762, in-12, veau f. fil, dent. int. tr. r. (*Petit*)

Le titre est remmargé.

230. Histoire de la monnaie depuis les temps de la plus haute antiquité, jusqu'au règne de Charlemagne, par M. le marquis Garnier. *A Paris, chez Mme veuve Agasse*, 1819, 2 vol. in-8, demi cart. n. rog.

231. Nouveau dictionnaire d'histoire naturelle, appliquée aux arts, à l'agriculture à l'économie rurale et domestique, à la médecine, etc., par une société de naturalistes et d'agriculteurs. Nouvelle édition presque entièrement refondue et considérablement augmentée ; avec des figures tirées des trois règnes de la nature. *A Paris, chez Deterville*, 1816, 36 vol. in-8, figures demi rel. veau brun, tr. marbr. (*Bibolet*).

232. Aristotelis de Mundo græce, *Lugd. Bat.* 1591, in-8. — Themistius in octo libros Aristotelis de Auscultatione naturali commentaria. *Parisiis*, 1535, 2 part. en 1 vol. in-8, chagr. n. tr. dor. (*Petit*)

233. C. Plinii secundi Historiæ naturalis libri XXXVII. Cu-

rante Jo. P. Millero. *Berolini*, 1766, 5 vol. in-12, mar. bl. dent. tr. dor. (*Bradel.*)

233 *bis*. J. Solini Polyhistor. *Lugd.*, 1609, in-8, chagr. v. tr. dor. (*Petit.*)

233 *ter*. Julii Solini Polyhistor. Edid. And. Gœrzius. *Lipsiæ*, 1777, in-8, cuir de R. fil.

234. Histoire naturelle, générale et particulière, par Leclerc de Buffon, nouvelle édition, accompagnée de notes ; ouvrage formant un cours complet d'histoire naturelle, rédigé par Sonnini. *Paris, F. Dufart, an VIII*, 1799-1808, 127 vol. in-8. figures coloriées, demi rel. avec coins, mar. r. ant. dos orn. n. rog.

235. Rapport historique sur les progrès des sciences naturelles depuis 1789 et sur leur état actuel. Rédigé par M. Cuvier. *A Paris, impr. Impériale*, 1810, in-4, demi rel. v. rose, tr. jasp.

236. Eléments des sciences naturelles par A. M. Constant Duméril. *A Paris, chez Déterville*, 1830, 2 vol. in-8, veau brun, tr. marbr.

237. Tableaux de la nature ou considérations sur les déserts, sur la physionomie des végétaux, sur les cataractes de 'Orénoque, etc., par A. de Humboldt, traduits de l'allemand par J. B. B. Eyriès. *Paris, Gide, fils*, 1828, 2 tomes en 1 vol. in-8, demi rel. mar. vert. avec coins tr. jaune (*Duplanil.*)

238. Cours élémentaire d'histoire naturelle. — Botanique par M. Adrien de Jussieu. Minéralogie par M. F. S. Beudant. Zoologie par M. Milne-Edwards. *Paris, Langlois et Leclercq*, 1847, 3 vol. in-12 demi rel. avec coins, mar. bleu, fil. tr. jasp.

239. Die Wunder der Urwelt. Eine populaire Darstellung der geschichte der Schopfung und des Urzustandes unseres Weltkorpers, etc..., von Dr Zimmermann. *Berlin; Hempel*, 1855, in-8, frontisp. color. fig. chagr. r. fil. dent. int. tr. dor. (*Petit.*)

240. Worterbucher der Naturgeschichte in der deutschen, Hollandischen, Danischen, Schwedischen, Englischen, Franzosischen, Italianischen, Spanischen und Portugisis-

chen Sprache, von Philip Andreas Nemnich, *Hamburg und Leipzig, S. D.*, in-4, demi-rel. v. gran. ébarb.

241. Bulletin de la société géologique de France. *Paris, au lieu des séances de la Société*, 1830-1860, 31 tomes en 33 vol. in-8 demi-rel. bas, fauv.

242. Mémoire de la Société géologique de France. *Paris*, 1833-1846, 6 vol. in-4, pl. cartes, demi-rel. bas. f. avec coins.

1re série : Tomes I, II, III, IV. 1re et 2e partie. Tome V, 1re partie. — 2e série : Tome Ier, 2e partie.

243. Journal de géologie par MM. A. Boué. Jobert et Rozet. *Paris, chez F. Levrault*, 1830-31, 3 vol. in-8, demi-rel. veau bleu avec coins, fil. tr. marbr.

La reliure et déterriorée.

244. The Geological Magazine, or Monthly Journal of Geology : with which is incorpored « The Geologist, » edited by Robert Jones, Henry Woodward, etc. July, 1864. — December 1870. *London*, 1864-1870, 7 vol. in-8, grav. planch. noires et color. demi-rel. mar. r. avec coins, fil. tête dor.

245. The Geologist ; a popular Monthly magazine, of Geology. 1858-64. *London. Reynolds*, vol. 7 in-8, fig. cart. toile.

246. The libri della Sostanza e forma del Mondo, del Clar. Giouan. Maria Memo *Venetia*, 1545, in-4, mar. r. fil. dor. (*Rel. mod.*)

247. Essai de géologie ou mémoires pour servir à l'histoire naturelle du globe, par B. Faujas St-Fond. *A Paris, chez C. F. Patris*, 1803-1809, 3 vol. in-8 veau olive. dent, à froid sur les plats et dent. int. tr. peign.

248. Cosmos, essai d'une description physique du monde, par Alexandre de Humboldt. Traduit par H. Faye. *Paris, Gide*, 1847-59, 4 tomes en 5 vol. in-8 demi-rel. avec coins, mar. brun, n. rog.

249. Introduction à la géologie ou à l'histoire naturelle de la terre, par Scip. Breislak. Traduit de l'Italien par J. J. B. Bernard. *A Paris, chez J. Klostermann fils*, 1812. — Institutions géologiques par Scipion Breislak, traduit du manuscrit Italien en français, par P. J. L. Campmas. *Milan im-*

primerie impériale et royale, 1818. 4 vol. in-8 et atlas in-4 demi-rel. bas.

250. Cordier. Distribuzione delle Rocce e classificazione dei Terreni. *Milano*, 1823, in-8, mar. br. tr. dor.

251. Observations géologiques sur les différentes formations qui, dans le système des Vosges, séparent la formation houillère de celle du Lias, par L. Elie de Beaumont. *Paris, imprimerie de Mme Huzard*, 1828. — Tableau minéralogique des roches des Vosges, suivi d'une liste des espèces minérales constituant ces roches, disséminées dans leurs masses ou associées avec elles, par Henri Hogard. *Epinal imprimerie de Gérard*, 1835. — Des Métamorphoses et des modifications survenues dans certaines roches des Vosges par Ernest Puton. *Paris, J.-B. Baillière*, 1838. — Notice sur les caractères de l'arkose dans les Vosges par M. Delesse. *Tiré de la bibliothèque universelle de Genève*, 1848. Ens. 4 tomes en 1 vol. in-8 planches, dos orn. demi-rel. veau brun tr. marbr.

252. Tableau des terrains qui composent l'écorce du globe, ou essai sur la structure de la partie connue de la terre, par Alexandre Brongniart. *A Paris, chez F. G. Levrault*, 1829, in-8, demi rel. bas, fauv. tr. jaune.

253. Introduction à la géologie ou première partie des éléments d'histoire naturelle inorganique contenant des notions d'astronomie, de météorologie et de minéralogie, par J. J. D. Omalius d'Halloy. *Paris, F. G. Levrault*, 1833, in-8, avec atlas in-4. — Eléments de géologie, ou seconde partie des éléments d'inorganomie particulière par le même. *Paris, Levrault*, 1839. — Précis élémentaire de géologie, par le même. *Paris, Arthus Bertrand*, 1843. Ensemb. 3 vol. in-8 et atlas in-4, demi-rel. veau bleu, tr. j.

254. Guide du géologue voyageur, sur le modèle de l'agenda geognostica de M. Léonhard, par Ami Boué. *Paris, F. G. Levrault*, 1835, 2 vol. in-12, figures demi-rel. mar. viol. tr. jasp.

255. Géologie. Eléments de géologie pure et appliquée, par N. Rivière, 1839. — Essai sur les Roches (par le même), 1839. — Etudes géologiques et minéralogiques (par le même), 1847. — Etudes géologiques faites aux environs de

Quimper (par le même). — Principes de géologie, par Charles Lyell, 4 vol., 1848. — Essai géognostique sur le gisement des roches dans les deux hémisphères, par Alexandre de Humbold. Tableau géologique des roches, par M. J. J. N. Huot, 1827. — Statistique minéralogique, géologique et minéralurgique du département de Saône-et-Loire, par M. W. Manès, 1847. — Leçons de géologie pratique, par Elie de Beaumont, 1845. — L'art d'observer en géologie, par Henry T. de la Bêche, 1838. — Recherches sur la partie théorique de la géologie, (par le même), 1838. — Manuel géologique (par le même), 1833. Ens. 12 ouvrages en 15 vol. in-8, reliés et br.

256. Manuel de géologie élémentaire ou changements anciens de la terre et de ses habitants, tels qu'ils sont représentés par les monuments géologiques; par sir Charles Lyell, traduit de l'anglais, par M. Hugard. *Paris, Langlois et Leclercq*, 1856-57. In-8, nombreuses figures, demi-rel. mar. la Vall. avec coins dor. en tête ébarb.

257. Geology and Mineralogy, by the late Buckland. *London*, 1858, 2 vol. in-8, cartonnés.

258. Dictionary of Geology and Mineralogy, by William Humble. *London*, 1860, in-8, cart. toile rouge.

259. Manuel of Geology : Treating of the principles of the Science with special reference to american geological History, by James D. Dana. *Philadelphia et London*, 1863, in-8, carte, fig. cart. toile verte, ébarb.

260. De l'Arkose. Caractères minéralogiques et histoire géognostique de cette roche; par Alexandre Brongniart (Extrait des annales des sciences naturelles, juin 1826). *Strasbourg, de l'imprimerie de Levrault s. d.* — Des combustibles minéraux, d'après un ouvrage allemand de M. Karsten; extrait par A. M. Héron de Villefosse. *Paris, imprimerie de Mme Huzard*, 1826. — Instruction sur la Marne avec son gissement, ses caractères, ses diverses espèces leurs propriétés, etc., par L. Héricart de Thury. *A Gap. de l'imprimerie de J. Allier*, 1805. — Mémoires sur les usages de la tourbe et de ses cendres comme engrais; par M. de Ribaucourt. *A Paris, chez Buisson*, 1787. — Observations sur une variété des roches primitives ou granits. *Paris, de l'impri-*

merie de Creuze s. d. Ens. 5 ouvrages en 1 vol. in-8 demi-cart. en basane.

261. Scientifica. — Recueil de divers ouvrages; environ 30 brochures réunies en 2 vol. in-8 demi-rel. v.

Zu Humboldt's kosmos, *Leipzig*, 1849.— Sur les Bélemnites, les Pierres de Foudre et les Aérolithes, par Clément-Mallet, 1840. — Notice géologique sur le prétendu fossile humain trouvé près de Moret, au lieu dit le Long Rocher, par Huot. *Paris*, 1824. Recherches sur le Porphyre Rouge antique et sur la syénite rose d'Egypte, par A. Delesse, etc.

262. Géologie et Minéralogie. Réunion de 15 pièces en 1 vol. in-4 demi-rel. v. f. tr. jasp.

J. J. D'Omalius d'Halloy. Observations sur la division des terrains 1830. — Les continents ont-ils été à plusieurs reprises submergés par la mer, par M. Constant Prévost. — Sur les mouvements extraordinaires de la mer, par M. Babinet. — De la classification des minéraux, par Gaultier de Claubry.

262 *bis*. Volcanos. The Character of their phenomena, their share in the structure and composition of the surface of the globe, etc..., with a descriptive catalogue of all known volcanos and volcanic formations, by Poulett Scrope. *London*, 1862, in-8, frontip. fig. carte, cart. toile rouge, ébarb.

262 *ter*. Lettres minéralogiques et géologiques sur les volcans de l'Auvergne, écrites dans un voyage fait en 1804, par Lacoste. *A Clermont de l'imprimerie de Landriot*, an XIII (1805), in-8, cart. tr. r.

263. L'Ancienneté de l'homme prouvée par la géologie et remarques sur les théories relatives à l'origine des espèces, leur Variation, par Sir Charle Lyell, traduit par M. Chaper. — L'Homme fossile en France, par le même. *Paris, J. B. Baillière et fils*, 1864, 2 vol. in-8, figures, br.

264. Explication de la carte géologique de la France. Rédigée sous la direction de M. Brochant de Villiers, paz MM. Dufrénoy et Elie de Beaumont. *Paris, imprimerie royale*, 1841-48, 2 vol. in-4, demi-rel. v. f. tr. marbr.

265. Mémoires pour servir à une description géologique de la France, rédigés par ordre de monsieur Becquey, sous la direction de M. Brochant de Villiers, par MM. Dufrénoy et Elie de Beaumont. *Paris, F. G. Levrault*, 1830-38, 4 vol. in-8, cart. tr. jasp.

266. Notices géologiques et descriptives de la France.— No-

ce géologique sur la côte d'Essey, par C. A. Gaillardot, 19 pp. — Mémoire sur la constitution géologique d'une portion du département de la Côte-d'Or. — Notice géologique sur la formation des chistes de Muse, 28 pp. — Mémoire sur la Minéralogie des environs de Saint-Rambert, par Alph. Dupasquier, 33 pp. — Notices géologique et minéralogique, par M. F. Faluy. 84 pp.— Sur le lit du Rhône à Lyon, par M. F. Fournet, 31 pp. — Faits pour servir à l'histoire des montagnes de l'Oisans, par Elie de Beaumont, 63 pp. — Rapport sur un mémoire relatif à la géologie des environs de Fréjus, par M. Ch. Texier, 15 pp. -- Ensembl. 8 ouvrages réunis en 1 vol. in-8, figures, cartes et plans, demi-rel. avec coins, v. fauv. fil. ébarbé (*Petit*).

267. Description géologique des environs de Paris, par MM. G. Cuvier et Alex. Brogniart; avec un atlas de 18 pl. dont 2 coloriées, et une table alphabétique de tous les lieux décrits ou seulement cités. *Paris, Edmond D'Ocagne*, 1835, in-8 et atlas in-4, cart. n. rog.

268. Minéralogie et Pétralogie des environs de Lyon, disposées suivant l'ordre alphabétique, par M. A. Drian. *Lyon, Charles Savy Jne*, 1849, gr. in-8, chagr. r. dos orn. fil. dent. int. tr. dor.

Tiré à petit nombre.

269. Essai sur la constitution géognostique des Pyrénées, par J. de Charpentier. *A Paris, chez F. G. Levrault*, 1823, in-8, carte et fig. demi-rel. bas, fauv. tr. jaun. — Suite des mémoires pour servir à l'histoire naturelle des Pyrénées et des pays adjacens. *A Pau, de l'imprimerie de A. Vignancourt*, 1819, in-8, demi-rel. bas, fauv. tr. jaun. Ens. 2 volumes in-8.

270. Catalogue de la collection Minéralogique, géognostique et minéralurgique du département de la Loire-Inférieure, appartenant à la mairie de Nantes, recueillie et classée, par F. R. A. Dubuisson. *A Nantes, imprimerie de Mellinet*, 1830, in-8, demi-rel. avec coins, chagr. vert, tr. marbr.

271. Description géologique de la partie méridionale de la chaîne des Vosges; par M. Rozet. *Paris, librairie encyclopédique de Roret*, 1834, in-8, planches, demi-rel. veau rose tr. jasp.

272. Preuves de l'existence d'anciens glaciers dans les vallées des Vosges. Du terrain erratique de cette contrée, par Edouard Collomb. *Paris, Victor Masson*, 1847, in-8, figures et planches coloriées, demi-rel. avec coins cuir de R. tr. jasp.

273. Etude des gites houillers et métallifères du bocage Vendéen faite en 1834-35, par Henri Fournel. *Paris, imprimerie royale*, 1836, texte in-4, et atlas, in-fol. demi-rel. avec coins mar. r. fil. tr. jasp.

274. Prodrome de Paléontologie stratigraphique universelle des animaux mollusques et rayonnés faisant suite au cours élémentaire de paléontologie et de géologie stratigraphiques, par Alcide d'Orbigny. *Paris, Victor Masson*, 1850-52. 3 vol. in-12 br.

275. Cours élémentaire de Paléontologie et de géologie stratigraphiques, par M. Alcide d'Orbigny. *Paris, Victor Masson*, 1849-52. 3 vol. in-12 et atlas in-4, figures, demi-rel. veau viol. dos orn. tr. marbr.

276. Palaeontology, or a Systematic summary of extinct animals and their geological Relations, by Richard Owen. *Edenburgh : Black*, 1861, in-8. fig. cart. toile br. ébarb.

277. Dictionnaire universel des Fossiles propres et des Fossiles accidentels, contenant une description des terres, etc., par M. E. Bertrand. *A Avignon, chez Louis Chambeau*, 1763, in-12, v. fauv. fil. dent. intér. tr. dor. (*Petit*).

278. Allgemeines Polyglotten-Lexicon der Naturgeschichte, mit erklaerenden Amnerkungen, von Ph. Andr. Nemnich. *Hamburg*, 1793-1795. 2 vol. in-4, demi-rel. v. br. avec coins.

279. Quelques mémoires sur différents sujets : La plupart d'Histoire naturelle ou de Physique générale et particulière. *Paris, Delance*, 1807. in-8, fig. et carte. — Notice biographique sur M. Dupont (Pierre Samuel), par M. Silvestre. *A Paris, imprimerie de Mme Huzard*, 1818. Ensemb. 2 ouv. en 1 vol. in-8 demi-rel. v. r. t. jasp.

280. Histoire des animaux d'Aristote, avec la traduction française, par M. Camus, avocat au Parlement. *A Paris, chez la Ve Desaint*, 1783, 2 vol. in-4, veau fauv. fil. tr. r.

281. Aeliani de natura aminalium libri septemdecim. Gr.

Edid. Fr. Jacobs. *Jenae*, 1832, 2 vol. in-8, cart, dos de toile.

282. Histoire naturelle des animaux par Pline. Traduction nouvelle avec le texte en regard, par P. L. B. Gueroult. à *Paris de l'imprimerie de Delange et Lesueur* an XI-1802, 3 vol. in-8, veau rac. fil. tr. marb.

283. Morceaux extraits de l'histoire naturelle de Pline par Gueroult. *Paris, Lambert*, 1785, in-8, mar. v. tr. dor. anc. rel.

284. Le règne animal distribué d'après son organisation, pour servir de base à l'histoire naturelle des animaux, et d'introduction à l'anatomie comparée, par M. le baron Cuvier, avec figures dessinées d'après nature. *Paris, chez Déterville*, 1829, 5 vol. in-8, figures demi. rel. veau bleu tr. marbr.

285. Le Bestiaire d'Amour par Richard de Fournival, suivi de la réponse de la dame enrichi de dessins gravés sur bois. Publiés pour la première fois d'après le manuscrit de la Bibliothèque impériale par C. Hippeau. *Paris, chez Auguste Aubry*, 1860, in-8, br.

286. Scriptores Rei Rusticæ... cura Io. Gottl. Schneider. *Lipsiæ*, 1794-1796. 4 tomes en 7 vol. in-8, fig. demi rel. bas, br. avec coins.

286 *bis*. Maison rustique du XVIVe siècle. Encyclopédie d'Agriculture pratique avec 2,500 gravures terminé par des tables méthodique et alphabétique sous la direction de MM. Bailly, Bixio et Malpeyre. *Paris, librairie agricole de la maison rustique s. d.* 4 vol. in-8 texte à 2 vol. figures demi rel. bas. vert, ébarb.

287. Theophrasti tresii de Historia Plantarum libri necem. graece et latine, Cum notis variorum. *Amstelodami*, 1644, in-fol. frontisp. grav. fig. vel. blanc.

288. Caroli Clusi rariorum plantarum Historia. *Antuerpiae*. 1601. in-fol. frontisp. grav. portrait, nombr. fig. demi rel. v. br.

289. Sprengel historia rei herbariæ. *Amsteldami*, 1807, 2 vol. in-8, demi-rel. v. vert.

290. Anatomia corporum humanorum centum et vigi nti tabulis maxima parte ad naturalem magnitudinem singulari artificio ad vivum expressio.. aucta gulielmo cowper accedunt ejus-

dem introductio in occonomiam animalium, curante Gulielmo Dundass. *Ultrageeti*, 1750, gr. in-fol. planches demi-rel. bas.

291. Galeni Pergameni Opera omnia. Graece. *Basileæ*, 1538, 5 tomes en 2 vol. in-fol. fig. rel. en peau de truie.

292. Aratœi Cappadocis de Causis et signis morborum. *Lugd. Bat.* 1735. in fol. v. m.

293. Aur. Corn. Celsi de medicina libri octo.... cura ab Almeloveen. *Rotterdami apud Beman*, 1750, in-8, portrait, mar. r. dent. sur les plats, tr. dor. (*Simier*).

294. Jo. Mesuae Damasceni de Re medica libri tres. *Lugduni*, 1550, in-8, cart. dos et coins de vél. blanc.

295. C. Bauhini de Hermaphroditorum monstrosorum que partuum natura. *Oppenheim*, 1614, in-8, titre gr. vélin.

296. Traditions Teratologiques ou récits de l'antiquité et du moyen âge en occident, sur quelques points de la fable du merveilleux et de l'histoire naturelle. Publiés d'après plusieurs manuscrits inédits, grecs, latins, et en vieux français par Jules Berger de Xivrey. *Paris, imprimerie royale*, 1836, in-8, br.

297. Catechismo medico o sia sviluppo delle dottrine che conciliano la religione colla medicina di Angelo Antonio Scotti. *Napoli*, 1821, in-8, v. f. fil. dent. int. tr. marbr. (*Petit*).

298. Uranologion sive systema Variorum authorum græci et latine... cura et studio Dionysii Petavii. *Lutetiæ Parisiorum*, 1630, in-fol. vel. blanc.

299. Elogio del Galileo (da Paolo Frisi). *In Livorno*, 1775, in-8, mar. r. tr. dor. rel. Ital.

300. Les merveilles du ciel et de l'enfer, et des terres planétaires et australes par Emmanuel de Swedemborg, d'après le témoignage de ses yeux et de ses oreilles. Nouvelle édition traduite du latin par A. J. P. *A Berlin, chez G. J. Decker*, 1786, 2 vol. in-8, demi cart. bas.

301. Entretiens sur la pluralité des mondes par Fontenelle. *Paris, Janet et Cotelle*, 1820, in-8, v. vert dent. tr. dor. (*Duplanil*).

302. Exposition du système du monde par M. le marquis de Laplace. *Paris, Bachelier*, 1835, in-4, portr. de l'auteur demi rel. avec coins v. vert, tr. peign. (*Petit Simier*).

303. S. Julii Frontini libri quatuor Strategematicon, cum notis variorum... Curante Francisco Oudendorpio. *Lugduni Batavorum*, 1731, in-8, portr. mar. r. fil. dent. int. tr. dor. (*Petit*).

304. Poliorcétique des anciens, ou de l'attaque et de la défense des places avant l'invention de la poudre, par M. Dureau de la Malle. *Paris, de l'imprimerie de Firmin Didot*, 1819, in-8, demi-rel. veau vert. tr. marbr.

305. La Pyrotechnie, ou art du feu, contenant dix livres, auxquels est amplement traicté de toutes sortes et diuersité de minières, fusions et préparations de métaux : Des formes et moules pour ietter artilleries, cloches, et toutes autres figures : des distillations, des mines, contremines, pots, boulets, fusées, lances, et autres feux artificiels, concernant l'art militaire, et autres choses dépendantes du feu. Composée en italien et depuis traduite en français par Jacques Vincent. *Rouen, chez Jacques Cailloüe*, 1627, in-4, figures dans le texte, velin.

306. La Pyrotechnie de Hanzelet Lorrain, où sont représentez les plus rares et plus appreuuez secrets des machines et des feux artificiels, propres pour assiéger, battre, surprendre et défendre toutes places. *Au Pontamousson par Gaspard Bernard*, 1630, in-4, figures gravées dans le texte parch. ant.

307. Apologie pour les Grands-Hommes soupçonnez de magie par G. Naudé. *A Amsterdam chez Pierre Humbert*, 1712, in-12, frontisp. v. ant. tr. r.

308. An Inquiry into the Antient greek game, supposed to hare been invented by Palamedes, etc... *London*, 1801, in-4, fig. demi rel. bas. verte.

309. Art du relieur par M. Dudin, nouvelle édition publiée avec des observations et augmentée de tout ce qui a été écrit de mieux sur ces matières en Allemagne, en Angleterre, en Suisse, en Italie, etc., par J. E. Bertrand. Ornée de planches en taille douce. *Paris, chez J. Moronval*, 1818, in-4, 2 planches gravées demi rel. bas vert. n. rog.

BEAUX-ARTS. — LIVRES A FIGURES

310. The art journal, Published by George Virtue. *London*, 1849-1860, 12 années formant 12 vol. in-4, nombr. figures, vignettes et gravures hors texte, demi rel. avec coins cuir de Russie dos orné fil. tr. dor.

311. Cours élémentaire de dessin, appliqué à l'architecture, à la sculpture et à la peinture, ainsi qu'à tous les arts industriels, comprenant les éléments de la géométrie, de la perspective, du dessin, de la mécanique, de l'architecture, de la sculpture et de la peinture, par Antoine Etex. Avec texte par l'auteur, planches dessinées, gravées et lithographiées, d'après les plus grands maîtres. *Paris, Gustave Sandré*, 1851, in-4, en feuilles, planches lith. dans un carton.

312. On the science of thoses Proportions by which the human head and Countenance, as represented in works of ancient Greek art, are distinguished from those of ordinary nature, by Hay. *Edinburg and London*, 1849, in-4, avec 15 planches, cart. percal. noire.

313. Beauty : illustrated chiefly by an analysis and classification of beauty in womam.... by Alex. Walker. *London*, 1846, in-8, fig. cart. percal. bleue, ébarb.

314. Les images ou tableaux de platte peinture des deux Philostrate, mis en françois par Blaise de Vigenère. *Paris, Ve Abel Langelier et Ve Guillemot*, 1613, gr. in-fol. figures mar. r. fil. tr. dor. (au chiffre de Peirecs).

315. Les chefs-d'œuvres de l'art chrétien par M. J. G. D. Armengaud. *Paris, typographie de Ch. Lahure*. 1858, in-4, papier velin titre en noir, rouge et bleu figures cart. toile dos orn. tr. dor.

316. Choix de costumes civils et militaires des peuples de l'antiquité, leurs instruments de musique, leurs meubles, et les décorations intérieures de leurs maisons, d'après les monumens antiques, avec un texte tiré des anciens auteurs dessiné, gravé et rédigé par N. X. Willemin. *Paris, chez l'auteur l'an VI de la Rép.* (1798), 2 vol. in f. planches gravées demi rel. bas. r. tr. j.

317. Le Costume ancien et moderne, ou histoire du gouvernement, de la milice, de la religion, des arts, sciences et usages de tous les peuples anciens et modernes, d'après les monumens de l'antiquité et accompagné de dessins analogues au sujet, par le docteur Jules Ferrario. *Milan, de l'imprimerie de l'éditeur*, 1815, 8 cahiers in-4, br. cartes et planches gravées coloriées.

318. Monuments anciens et modernes de la ville de Nancy, ancienne capitale de la Lorraine, chef-lieu du département de la Meurthe; dessinés d'après le daguerréotype et décrits par Jean Cayon. *Nancy, Cayon-Liébault*, 1847, in-8, figures, cart.

319. Monumenti gabini della villa Pinciana, descritti da Ennio Quirino Visconti. *Roma*, 1797, in-8, *figures*, demi-rel.

320. Monumenti Gabini della Villa Pinciana descritti da Ennio Quirino Visconti, nuovamente publicati per cura del dottor Giovanni Labuo. *Milano*, 1834-1835, 4 fasc. in-4, fig. br.

321. Musée de sculpture antique et moderne ou description historique et graphique du Louvre et de toutes ses parties, des statues, bustes, bas-reliefs et inscriptions du musée royal des antiques et des Tuileries et de plus de 2,500 statues antiques dont 500 au moins sont inédites. Tirées des principaux musées et des diverses collections de l'Europe accompagnée d'une iconographie égyptienne, grecque et romaine et terminée par l'iconographie française du Louvre et des Tuileries par le comte F. de Clarac. *Paris, de l'imprimerie royale*, 1841-1850, 6 tomes en 5 vol. gr. in-8 et 6 vol. in-4 oblong de planches, demi rel. chagr. r. ébarb.

322. Sur la statue antique de Vénus, découverte dans l'île de Milo en 1820; transportée à Paris par M. le marquis de Rivière—sur la statue antique connue sous le nom de l'Orateur, du Germanicus, et d'un personnage romain en Mercure, par M. le comte de Clarac. Notice lue à l'Académie royale des Beaux-Arts le 21 avril 1821 par M. Quatremère-de-Quincy. *A Paris, chez Debure frère*, 1821, 3 parties en un vol. in-4 figures demi rel. v. f.

323. Sculture del Palazzo della villa Borghese detta Pinciana. *Roma*, 1796, 2 vol. in-8 fig. cart.

324. Illustrations of modern sculpture, a series of engravings, with descriptive prose and illustrative poetry by T. K. Hervey. *London*, 1834. in-fol. grav. demi rel. bas. bleue, tête doré.

325. A description of the collection of Ancient Terracottas in the British Museum; with engraving. *London, Bulmer*, 1810, in-4, 1 vign. 40 pl. demi-rel. v. olive.

326. Encyclopédie pittoresque de la musique, rédigée par une société d'artistes et d'hommes de lettres, sous la direction de MM. Adolphe Ledhuy et Henri Bertini. et ornée de planches et de figures dessinées par Hippolyte Adam. *Paris, H. Delloye*, 1835, in-4, figures et musique notée demi-rel. veau fauv. tr. marbr. (*Bibolet*).

Tome Ier.

327. L'Antiquité expliquée et représentée en figures par Dom Bernard de Montfaucon. *A Paris, chez Florentin Delaulne*, 1719, 10 vol. — Supplément au livre de l'antiquité expliquée et représentée en figure par le même. *A Paris, chez la veuve Delaulne*, 1724, 5 vol. Ensemble 15 vol. in-fol. nombr. figures v. ant.

328. Flaxman. Œuvre Gravé, publ. par Nitot Dufresnes. 5 part. in-fol. br.

Eschyle 31 pl. — Sophocle 17 pl. — Hésiode 37 pl. — Homère-Iliade 35 pl. — Odyssée 29 pl.

329. Vorschule der Kunstmythologie, von Braun. *Gotha*, 1854, in-fol. 100 planches, cart.

330. Atlante Dantesco da poter servire ad ogni edizione della Divina Commedia ossia l'Inferno il Purgatorio e il Paradiso, composti dal S. G. Flaxmam. *Milano*, 1823, in-4, obl. grav. au trait, demi-rel. bas. br.

331. La Marine, arsenaux, navires, équipages, navigation, atterrages, combats, par Eugène Pacini, officier de la marine royale, illustrations de M. Morel-Fatio. *Paris, L. Curmer*, 1844, gr. in-8 figures, demi-rel. avec coins, cuir de R. filets tr. jasp. (*Bibolet*).

332. Les Brigands et Bandits célèbres par Maurice Alhoy illustrés de nombreux dessins de MM. Célestin Nanteuil, Marckl, Janet-Lange, Edouard de Beaumont, Demo-

raine, etc., et gravés par Cherrier. *Paris, à la librairie historique de Cognet,* 1858, gr. in-8. figures br.

333. The Illustrated London News. *London William Little,* (de mai 1851, à décembre 1852.) 4 vol. in-fol. nombr. gravures demi-rel. mar. rouge éb.

334. Journal pour rire, 1850 à 1854, 5 années en 5 vol. in-fol. et petit in-fol. nombr. figures, demi-cart. tr. jasp.

335. Musée des familles. *Paris, aux bureaux du musée des familles,* de 1833 à 1863. 30 années en 30 vol. gr. in-8, nombr. figures, cart. les tables br.

336. Le Magasin Pittoresque, revue mensuelle, rédigé sous la direction de M. Edouard Charton. *Paris,* 1833-1870. 40 vol. gr. in-8, texte à 2 colonnes nombr, gravures sur bois cart. tr. jasp.

A partir de 1865, les années sont en fascicules, on a joint à cette collection 2 vol. de tables alphabétiques et méthodiques.

337. L'Illustration, Journal universel et hebdomadaire. *Paris,* 4 mars 1843 (401) au 27 décembre 1862 formant 40 vol. in-fol. nombreuses gravures sur bois demi-rel. avec coins, mar. viol. fil. tr. jasp.

Bel exemplaire, reliure uniforme.

BELLES-LETTRES

LINGUISTIQUE

338. Cyrilli, Philoxeni, aliorumque veterum Glossaria latino-Graeco et Graeca-latina. *Lutetiae Parisiorum,* 1679, in-fol. v. br. ant.

Exemplaire aux armes de M. Huet évêque d'Avranches.

339. Hesychii lexicon, cum notis, edidit Alberti. *Lugd. Bat.,* 1746. 2 vol. in-fol. mar. r. tr. dor. (*Petit*).

340. Scapulae lexicon Græco latinum. *Oxonii,* 1820, in-fol. v. br.

341. Novum Lexicon graeco Latinum in novum D. N. J. C. Testamentum. Edit. Jo. Tobicis Krebsius. *Lipsiæ,* 1765, in-8, demi-rel. bas. br. tr. marbr.

342. Novum Lexicon Manuale graeco-latinum et latino-grae-

cum. Edidit B. Hedericus. *Lipsiæ*, 1825-1827, 3 vol. in-8, demi-rel. v. f.

343. Kritisches Griechisch-Deutches Worterbuch beym Lesemder griechischen profanen Scribenten zu gebrauchen. Ausgearbeitet von Joh. Gottl. Schneider. *Jena und Leipzig*, 1805-1806, 2 vol. in-4, v. ant. marbr. — Griechisch-Deutsches Wœrterbuch... von Joh. Gott-Schneider. Supplement-Band. *Leipzig*, 1821, in-4, ens 3 vol. in-4, cart.

344. Etymologicon magnum, seu magnum grammaticae penu.... Graecè. Edidit Fredericus Sylburgius. *S. L.* 1594, in-fol. v. f. fil. dent. int. tr. dor. (*Rel. anc.*)

345. Institutiones ac meditationes in Græcam linguam, N. Elenardo authore. *Lugd. Apud Gryphiun*, 1581, in-4, mar. v. tr. dor. (*Anc. rel.*)

346. Hephaestionis Alexandrini Enchiridion ad mss. fidem recensitum cum notis variorum... Curante Th. Gaisford. *Lipsiæ*, 1832, in-8, demi-rel. mar. vert avec coins, fil. tête dor. ébarb. (*Petit*).

347. Commentarii linguæ Graecæ, Gulielmo Budaeo auctore. *Parisiis*, 1548, in-fol. vel. blanc.

348. Gregorii Corinthii et Aliorum grammaticorum libri de Dialectis linguæ graecæ. Edidit Schaefer. *Lipsiæ*, 1811, 2 vol. in-8, v. f. fil. tr. dor.

349. Doctrinæ particularum linguæ Graecæ, auctore et editore Henrico Hoogereen. *Lugduni Batavorum*, 1769, in-4, vel. blanc. de Hollande.

350. Grammaire raisonnée de la langue grecque par Matthiæ, trad. par Gail et Longueville. *Paris*, 1831, 3 vol. in-8 demi-rel. c. de R.

351. Godofredi Hermani Elementa doctrinæ, metricæ. *Lipsiæ, apud Fleischerum*, 1816, in-8, vél. blanc.

352. Le Jardin des Racines grecques, mises en vers françois. *Paris*, 1701, in-12 c. de Russie tr. dor. (*Vogel*).

353. Totius Latinitatis Lexicon consilio et cura Jacobi Facciolati opera et studio Aegidii Forcellini. *Lipsiæ, Londini*, 1835, 4 tomes en 2 vol. in-fol. texte à 3 col. demi-rel. cuir de Russie dos orné.

354. Dictionnaire de poche, latin-français, rédigé par Lecuy.

Paris, Desray, 1805, in-12 obl. mar. r. tr. dor. (*Bozerian*).

355. Dictionnaire latin-français et français-latin, par Fr. Noël. *Paris, chez Le Normant*, 1808-1809, 2 vol. in-4, cuir de R. fil. dent. int. tr. jasp.

356. Vossii Etymologicum linguæ latinæ. *Neapoli*, 1762, 2 vol. in-fol. demi-rel. mar. n. rogn.

357. Sanctius Minerva seu de causis linguæ latinæ, cum notis Perizonii. *Amstelodami*, 1761, in-8, v. ant. fil.

358. Dictionnaire du vieux langage françois. Enrichi de passages tirés des manuscrits en vers et prose, des actes publics des ordonnances de nos rois, etc. *A Paris, chez Panckoucke* 1766. — Supplément au dictionnaire du vieux langage françois, contenant aussi la langue Romance ou Provencale et la Normande du IXe-XVe siècle. *A Paris, chez Nicolas Augustin Delalain*, 1767, 2 vol. in-8 veau, écaille tr. dor.

359. Dictionnaire Etymologique des mots françois dérivés du grec par J. B. Morin. *A Paris, imprimerie impériale*, 1809, 2 vol. in-8, demi-rel. veau, rose, dos orn. tr. marbr.

360. Dictionnaire comique satyrique, critique, burlesque libre et proverbial, par P. J. Leroux. *A Pampelune*, 1786, 2 vol. in-8, demi-rel. bas. roug. tr. jaun.

361. Vocabulaire Austrasien, pour servir à l'intelligence des preuves de l'histoire de Metz, des Loix et Atours de la ville, des Chartres, titres, actes et autres monumens du moyen âge, écrits en langue Romance, tant dans le pays Messin, que dans les provinces voisines, par Dom Jean-François. *A Metz, chez Jean-Baptiste Collignon*, 1773, in-8, demi-rel. veau fauv. tr. jasp.

362. Dictionnaire du patois du Bas-Limousin (Corrèze) et plus particulièrement des environs de Tulle, ouvrage posthume de M. Nicolas Béronie, mis en ordre, augmenté et publié par Josep. Anne Vialle. *A Tulle, de l'imprimerie de J. M. Drappeau, s. d.* in-4, interfolié de pages blanches texte à 2 colonnes, demi-rel. veau brun tr. marb.

Le titre est mouillé.

363. Dictionnaire Languedocien-Français, contenant un recueil des principales fautes que commettent, dans la diction et dans la prononciation françaises, les habitans des pro-

vinces méridionales, connues autrefois sous la dénomination générale de la langue-doc, suivi d'une collection de proverbes languedociens et provençaux, par M. l'abbé de Sauvages. *A Alais, chez J. Martin,* 1820-21, 2 vol. in-8 veau rac. tr. jasp.

364. Histoire des révolutions du langage en France par M. Francis Wey. *Paris, librairie de Firmin Didot frères,* 1848, in-8, demi-rel. avec coins cuir de R. tête dorée, n. rog. (*Petit*).

365. Conformité du langage françois avec le grec par Henri Estienne. Nouvelle édition accompagnée de notes et précédée d'un essai sur la vie et les ouvrages de cet auteur par Léon Feugère. *Paris, imprimerie de Jules Delalain,* 1853, in-12, demi-rel. mar. vert. tr. marbr.

366. Les Origines de la langue française, par (Menage). *A Paris, chez Augustin Courbe,* 1650, in-4, cuir de R. fil. tr. dor. (*Bozerian jeune*).

367. Essai philosophique sur la formation de la langue française, par M. Célestand du Méril. *Paris, Franck,* 1852, in-8, demi-rel. veau. vert tr. jasp.

368. Des variations du langage français depuis le XIIe siècle, ou recherches des principes qui devraient régler l'orthographe et la prononciation par F. Génin. *Paris, Firmin Didot frères,* 1845, in-8, demi-rel. avec coins mar. r. n. rog. (*Petit*).

369. Prononciation de la langue française au XIXe siècle, tant dans le langage soutenu que dans la conversation. par Joseph de Malvin-Cazal. *Paris, imprimerie royale,* 1846, in-8, veau. bleu, dent int. et à froid sur les plats, fil. tr. jasp. (*Petit*).

370. Grammaire des grammaires ou analyse raisonnée des meilleurs traités sur la langue française, par Ces Pre Girault-Duvivier. *A Paris, chez Janet et Cotelle,* 1827, 2 vol. in-8, demi-rel. v. brun tr. marbr. (*Bibolet*).

371. Dictionnaire des synonymes françois par Timothée de Livoy, augmenté par Beauzé. *Paris, veuve Maire-Nyon,* 1836, in-8, veau fauv. dent. et fil. tr. marbr.

372. Dictionnaire féodal ou recherches et anecdotes sur les

dîmes et les droits féodaux, etc., par J. A. S. Collin de Plancy. *A Paris, chez Foulon*, 1819, in-8, demi-rel. veau rose, tr. marbr. (*Wagner.*)

373. Essai sur le patois lorrain des environs du comté du Ban de La Roche, fief royal d'Alsace, par le Sr Oberlin. *A Strasbourg chez Jean Fred. Stein*, 1775, in-12, veau marb. tr. r.

374. Dictionnaire anglais-français et français-anglais tiré des meilleurs auteurs qui ont écrit dans ces deux langues, par A. Boyer. L. Chambaud. J. Garnier, etc. *Paris, Ledentu*, 1841, 2 vol. in-4, texte à 3 col. demi-rel. chagr. vert dos orn. tr. marbr.

375. Nouveau dictionnaire anglais-français et français-anglais, abrégé de Boyer par MM. E. Thunot et C. E. Clifton. *Paris, veuve Baudry*, 1860, in-8, demi-rel. mar. viol. tr. jasp.

376. Dictionnaire complet des langues française et allemande composé d'après les meilleurs ouvrages anciens et nouveaux sur les sciences, les lettres et les arts, par l'abbé Mozin, MM. Guizot, Biber, Hoelder, Courtin et plusieurs autres collaborateurs. Troisième édition, revue et augmentée par A. Peschier. *Stuttgard et Tubingue J. G. Cotta*, 1842-46, 4 vol. gr. in-8, texte à 3 colonnes demi-rel. avec coins, mar. viol. tr. jasp.

377. Nouveau dictionnaire allemand-français et français-allemand, par le docteur Schuster, revu pour le français par M. Regnier, *Paris, Charles Hingray, s. d.* 2 vol. gr. in-8, demi-rel. chagr. vert.

378. Précis de grammaire générale, servant de base à l'analyse de chaque langue particulière, et d'introduction à ma grammaire allemande, par M. Simon. *Paris, Eberhart*, 1819. — Grammaire allemande où l'auteur s'efforce de développer le mécanisme de cette langue dans son ensemble par M. Simon. *Paris, Eberhart*, 1819, 2 ouvrages en 1 vol. in-8, demi-rel. veau brun tr. jasp.

379. A dictionnary of the Portuguese and English languages, in two parts, by Anth. Vieyra Transtagano. *London*, 1773, 2 vol. in-4, v. ant. marbr.

380. Principes de la langue danoise et norwégienne accom-

pagnés d'exemples de français et de Danois en regard, servant à l'étude comparée des deux langues par M. G. Schram. *Paris, Vve Maire-Nyon,* 1839, in-8, demi rel. r. brun tr. jasp.

RHÉTEURS. — ORATEURS.

381. Aristotelis rhetoricorum libri tres et de poetica liber unus gr. et lat. *Parisiis,* 1645, pet. in-8, v. f. tr. dor.

382. Longini quæ supersunt gr. et lat., recensuit Toupius. *Oxonii,* 1778, in-8, mar. citr., tr. dor. *(Bozérian).*

383. D. Longini de sublimitate, gr. et lat., ed Weiske. *Lipsiæ,* 1809, in-8, v. f. tr. dor. *(Petit).*

384. Histoire critique de l'éloquence chez les Grecs par Belin de Ballu. *A Paris, impr. de A. Belin,* 1813, 2 tomes en 1 vol. in-8, demi-rel. veau fauv. tr. marbr.

385. Fabii quintiliani de Institutione oratoria libri XII, edid. G. L. Spalding. *Lipsiæ,* 1798, 6 vol. in-8, demi-rel. mar. vert, tête dor. ébarb.

386. Fabii Quinctiliani de Institutione oratoria, libri duodecim, ed. John; mat. Gosneri. *Oxonii,* 1806, 2 vol. in-8, v. br. dent. tr. marbr.

387. Dialogues sur l'éloquence suivis d'une lettre à l'académie française par Fénelon. *Paris, chez Delestre Boulage,* 1821, in-8, demi-rel. veau rose, tr. marbr.

388. Discours de Lycurgue d'Andocide, d'Isée, de Dinarque avec un fragment sous le nom de Démade, traduits en français par l'abbé Auger. *A Paris, de Bure, fils aîné,* 1783, in-8, veau écaille, tr. dor.

389. Œuvres complètes de Démosthène, d'Eschine en grec et en français. Traduction de l'abbé Auger. Nouvelle édition, revue et corrigée par J. Planche. Ornée d'un portrait de Démosthène gravé d'après l'antique par M. Mécou. *Paris, chez Verdière,* 1819, 10 vol. — Chefs-d'œuvre de Démosthène et d'Eschine, nouvelle traduction française précédée d'un discours préliminaire, et accompagnée de notes et d'analyses par M. l'abbé Jager. *Paris, A. Poilleux,* 1834, 2 vol. — Vie de Démosthène, avec des notes historiques et criti-

ques et un choix de jugements portés sur son caractère et ses ouvrages; par M. A. Boullée, ornée d'un portrait de l'orateur. *Paris, A. Poilleux*, 1834, 1 vol. Ens. 13 vol. in-8, portraits, demi rel. v. fauv. tr. marbr. reliure uniforme (*Bibolet*).

390. Isocratis orationes et epistolæ gr. et lat. *Excudebat, H. Stephanus*, 1593, in-fol. c. de R.

391. Isocratis opera, gr. et lat. edidit Battie. *Londini*, 1749, 2 vol. in-8, mar. v. dent, tr. dor. (*Bozérian*).

392. Tullii Ciceronis sex orationum partes ineditæ. Rescensuit Angelus maius. *Mediolani*, 1817, in-8, portrait, demi-rel. mar. r. avec coins, fil., tête dor. ébarb.

393. Tullii Ciceronis orationum pro M. Fonteio et pro C. Rabirio fragmenta. Edita a B. G. Mébuhrio. *Romæ, Romanis*, 1820, in-8, v. f. fil. dent. int. tr. dor. (*Petit*).

394. Plinii Caecilii secundi panegyricus, edid. Schwarzius. *Norimbergæ, Lochner*, 1746, in-4, fig. pl. demi-rel. v. br. tr. marbr.

395. Discorso universale di M. Agostino Ferentilli. *Vinegia*, 1578, in-4, fig. vél. blanc, non rog.

POÈTES GRECS.

396. Aristotelis de poetica liber. gr. et lat, ed. Tyrwhitt. *Oxonii*, 1794, in-4, mar. r. fil. tr. dor. (*Bozerian*).

397. Poetas græci principes heroici carminis,... fragmentæ aliorum, *Excudebat Henricus Stephanus*, 1566, in-fol. parch. rouge.

398. Pœtarum græcorum Sylloge, ed. Boissonade. *Parisiis, Lefèvre*, 1823, 10 vol. in-12, mar. viol. tr. dor.

Cette collection renferme Homère, 4 vol. — Callimaque — Lyriques grecs — Pindare-Hésiode — Théocrite — Les Gnomiques.

399. Homeri et homeridarum opera et reliquiæ,ex recensione Wolfii. *Lipsiæ*, 1804, 2 vol. pet. in-4, mar. fauve tr. dor. (*Hering*)

400. Homeri et homeridarum opera et reliquiæ, ex recensione Wolfii. *Lipsiæ*, 1804, 4 vol. in-8, mar. r. fil. tr. dor. (*Petit*).

Figures au trait.

401. Carmina Homerica, Ilias et Odyssea, cum notis. Græce. Opera et studio R. P. Knight. *Londini*, 1820, gr. in-8, cuir de R. dent. sur les plats et int. comp. à froid, tr. dor. (*Petit*).

402. L'Iliade et l'Odyssée d'Homère, traduite en français, par Dugas Montbel. *Paris, typographie de Firmin Didot*, 1828-33, 9 vol. in-8, demi-rel. veau fauv., tr. marbr. (*Bibolet.*)

403. Homeri Ilias, Græce *Parisiis apud Turnebum*, 1554, in-8, mar. r. dent. tr. dor. (*anc. rel.*).

404. Homeri Ilias. Scholia antiquissima ed. D'Ausse de Villoisan *Venetiis*, 1788, in-fol. demi-rel.

405. L'Iliade d'Homère traduite en François, avec des remarques par Madame Dacier. *A Paris, chez Gabriel Martin*, 1741, 4 vol. in-12, frontisp. veau jasp. tr. jasp.

406. L'Iliade d'Homère, traduite en vers, avec des remarques et un discours sur Homère ; par M. de Rochefort. *A Paris chez Saillant et Nyon*, 1772, 2 vol. in-8, portr. et figures, v. rac.

407. L'Iliade d'Homère, traduction nouvelle, précédée de réflexions sur Homère, et suivie de remarques, par M. Bitaubé. *A Paris, chez Prault*, 1780, 3 vol. in-8, buste d'Homère mar. r. fil. tr. dor. (*Rel. anc.*).

408. L'Odyssée d'Homère traduite en françois avec des remarques par Madame Dacier. *Paris chez Gabriel Martin*, 1741, 4 vol. in-12, frontisp. veau gran. tr. jasp.

409. L'Odyssée d'Homère, traduction nouvelle, précédée de réflexions sur Homère et suivie de remarques par M. Bitaubé. *A Paris, chez Lamy*, 1785, 3 vol. in-8, portrait de l'auteur, mar. r. fil. tr. dor. (*rel. anc.*).

410. Homerici centones *Henricus Stephanus*, 1578, in-16, chagr. r. tr. dor. (*Petit.*)

411. Antiquitas homerica, edente Terpstra. *Lugd. Bat*, 1831, in-8, demi-rel. c. de Russie (*Ottmann Duplanil*).

412. Hesiodi quæ extant, cum græcis scholiis Opera et Studio Heinsii. *Ex off. Plautiniana*, 1603, in-4, mar. r. dent tr. dor. (*Petit.*)

413. Les Poésies d'Anacréon et de Sapho, trad. du grec, avec

des remarques par Madame Dacier. *Amst Paul Marret*, 1699, in-12, mar. r. fil. tr. dor. (*Anc. rel.*)

414. Anacréon. Odes trad. en vers, sur le texte de Brunck par J. B. de Saint Victor. *Paris, Nicolle*, 1818, gr. in-8, mar. br. dent. tr. dor. (*Petit*).

Exemplaire offert à Boissonade. Grand papier, figures avant la lettre.

415. Anacréon vengé ou Lettres au sujet d'une prétendue traduction d'Anacréon annoncée et louée sans cause, par les auteurs de l'année littéraire (par David). *Paris*, 1757, in-12, mar. r. fil. tr. dor.

Aux armes de Rohan-Soubise.

416. Pindari opera gr. et lat. *Oliva Pauli Stephani*, 1599, in-4, mar. r. fil. tr. dor. (*anc. rel.*).

417. Pindari Opera quæ supersunt, graecè et latinè, Ed. Aug. Bœckhius. *Lipsiae, apud Weigel*, 1811-1821, 2 tomes en 3 vol. in-4, demi-rel. bas.

418. Pindari Carmina, cum lectionis varietate et adnotationibus. Graecè et Lat. Edidit Chr. Gottl. Heyne. *Londini*, 1824. 3 vol. in-8, cart. non rog.

419. Olympiques de Pindare, avec le texte en regard et des notes par M. Al. Perrault-Maynand. *Lyon, typographie de Gabriel Rossary*, 1839. In-8 veau bleu, dent. à froid et dent. int. fil. tr. dor. (*Petit*).

420. Theocriti idyllia cum scholiis, Graecè. *Romæ*, 1516. Pet. in-8 mar. r. tr. dor. (*Reliure ancienne*).

421. Theocriti Idyllia, Gr. et lat., cum notis. *Excudebat, H. Stephanis*, 1579. In-16 chagr. r. dent. tr. dor. (*Petit*).

422. Theocriti quae exstant omnia. Edidit J. B. Gail, *Parisiorum, Delalain*, 1828. 2 vol. in-8, demi-rel. bas., tr. jasp.

423. Idylles et autres poésies de Théocrite, avec le texte grec des notes, la version latine, par Gail. *Paris, Didot aîné*, 1792. Gr. in-8 pap. vélin, mar. citr. tr. dor. (*Anc. rel.*)

424. Théocrite. Idylles, trad. en français, par Gail. *Paris, l'auteur, An IV*. 2 vol. in-4 mar. r. large dent. tr. dor.

Figures d'après les dessins de Barbier et Boichot.

425. Théocrite. Les Idylles, trad. en vers, par Firmin Didot. *Paris*, 1833. In-8 mar. v. dent. tr. dor. (*Petit*).

426. Idylles de Bion et de Moschus, traduites en français, par

J.-B. Gail, ouvrage orné de figures dessinées par le Barbier. *A Paris, chez Gail, l'an troisième.* In-12 portr. et figures demi-rel., bas. tr. marbr.

Les gravures sont AVANT LA LETTRE.

427. Callimachi Hymni, epigrammata, et fragmenta , graecè et latinè, cum notis spanhemii et variorum. *Ultrajecti,* 1697. 2 vol. in-8, frontisp. grav. fig. mar. r. fil. tr. dor. (*Bozérian aîné*).

428. Hymnes de Callimaque. Nouvelle édition avec une version françoise et des notes. *A Paris, imprimerie royale,* 1775. In-8 veau jasp. tr. dor.

429. Callimaque Hymnes, trad. en vers français, par Alfr. de Wailly. *Paris,* 1842. In-8 chagr. fil. tr. dor.

430. Lycophronis Chalci, densis Alexandra, gr. et lat., cum Graecis Isaacii Tzetzis commentariis, cura et opera Joh. Potteri. *Oxonii,* 1697. In-fol. v. f. ant. fil tr. dor.

431. Tzetzes Scholia in Lycophonem. Gr. ed. Muller. *Lipsiæ,* 1811. 3 vol. in-8 br.

432. OPPIANI Cynegeticon *Argentorati,* 1775. In-fol. marbr. dent. tr. dor. (*Bozerian*).

Manuscrit sur vélin, en grec, de la main de Brunck. Les titres ont été exécutés par Fyot.

433. L'Enlèvement d'Hélène, poème de Coluthus, revu sur les meilleures éditions critiques. Traduit en français, par Stanislas Julien. *Paris, J. M. Eberhart,* 1822. In-8, fig. facsimile demi-rel. veau rose, tête dor. n. rog.

434. Les Amours de Léandre et de Héro : poème de Musée, le grammairien, traduit du grec en français avec le texte. *A Paris, chez Nyon le jeune,* 1784. In-12 de 45 pages, fig. veau écaille fil. tr. marbr.

435. Babri fabulæ, gr. et lat., nunc primum editæ à J. F. Boissonade. *Parisiis. Didot,* 1844. Gr. in-8, mar. bl. fil tr. dor.

436. Epigrammatum Græcorum, annotationibus J. Brodœi illustratorum libri VII. *Francof.* 1600. In-fol. demi.-rel.

437. Delectus epigrammatum grœcorum quem edidit Jacobs *Gotha,* 1826. In-8, v. f. fil tr. dor. (*Petit*).

438. Gnomici pœtæ Græci, textum emendavit Brunck. *Argentorati,* 1784. In-4, gr. pap. mar. r. fil tr. dor. (*Petit*).

439. Antiquités poétiques ou dissertations sur les poètes cycliques et sur la poésie rhythmique, par le C[en] Bouchard. *Paris. Charles Pougens*, an VII. In-8 demi-rel. veau bleu tr. jasp.

POÈTES LATINS.

440. Q. Horatii Flacci Opera. *Londini Pine*, 1733. 2 vol. in-8 mar. v. fil. tr. dor. (*Reliure ancienne*).

Edition entièrement gravée : Second tirage.

441. Quinti Horatii Flacci Carmina, curavit Jer. Jac. Oberlinus. *Argentorati*, 1788. In-4, mar. citron. fil. tr. dor. (*Rel. anc.*).

442. Horatii Flacci opera. Edit. Gesner. *Glasguae*, 1796, In-4, v. br. quadr. fil. tr. marbr.

443. Horatii Flacci Carminum libri V. Edidit Vanderbourg. *Lutetiae Parisiorum*, 1812-1813. 2 vol. in-8, v. rac. dent. sur les plats.

Traduction en regard.

444. Les Poésies d'Horace, disposées suivant l'ordre chronologique et traduites en françois avec des remarques et des dissertations critiques, par le R. P. Sanadon, de la Cie de Jésus. *A Paris, chez Pierre Michel Huart l'aîné*, 1728. 2 vol. in-4, figures gravées par Crépy fils, v. fauv. dos orné fil. tr. dor.

Bel exemplaire en GRAND PAPIER.

445. Odes d'Horace, trad. par l'abbé Des Fontaines. *Berlin*. 1754. In 12 mar. r. fil. tr. dor. (*Anc. rel.*).

446. Odes d'Horace, mises en français. *Berlin*, 1757. In-12 mar. r. fil. tr. dor. (*Anc. rel.*).

447. Œuvres d'Horace, traduites par MM. Campenon et Després, accompagnées du commentaire de l'abbé Galiani, précédées d'un essai sur la vie et les écrits d'Horace, et de recherches sur sa maison de campagne. *A Paris. chez Anth[e]. Boucher*, 1821. 2 vol. in-8, demi-rel., mar. noir. tr. marbr.

448. Odes, épodes et poème séculaire d'Horace (trad. en vers français). *Paris*, *Didot*, 1823. In-8, pap. vélin, mar. fil. tr. dor. (*Thouvenin*).

449. Œuvres complètes d'Horace, traduites en vers, par P. Daru de l'Académie française. *A Paris, chez Janet et Cotelle*, 1823. 2 vol. in-8 demi-rel. veau vert. tr. marbr.

450. L'art poétique d'Horace, traduit en vers français, dédié au roi; suivi de la seconde édition de la chute de Rufin, poème en deux chants, traduit de Claudien, par le marquis de Sy. *Londres, chez Dulau*, 1816. In-8, veau fauv. dent. à froid, fil.tr. dor.

451. Dissertation critique sur l'art poétique d'Horace, où l'on donne une idée générale des pièces de théâtre, et où l'on examine si un poète doit préférer les caractères connus aux caractères inventez. *A Paris, chez Barthélémy Girin*, 1618. In-12 veau ant.

452. Publii Virgilii Maronis Bucolica, Georgica Aeneis, cum commentarii variorum. *S. Hylarii*, 1529. In-fol. frontisp. gr. fig. v. marbr. ant.
Mouillures.

453. P. Virgilii Maronis Opera, cum notis variorum... *Lugd. Batavorum*, 1680. 3 vol. in-8, fig. v. rac. ant. fil. tr. marbr.

454. Virgilii opera, cum notis Masvicii. *Leovardiæ*, 1717. 2 vol. in-4 mar. r. fil. tr. dor. (*Anc. rel.*).

455. Publii Virgilii Maronis Bucolica, Georgica et Aeneis, *Londini*, 1750. 2 vol. in-12, fig. v. écail. ant. dent. tr. marbr.

456. P. Virgili Maronis Bucolica, Georgica et Aeneis. *Argentorati*, 1789. In-4. mar. vert. fil. tr. dor. (*Rel. anc.*).

457. P. Virgilius, ex recensione Heynii, curante Amar. *Parisiis*, 1824. 5 vol. in-12 v. ant. fil. tr. dor.

458. Publicis Virgilius Maro varietate lectionis et perpetua adnotatione illustratus a Chr. G. Heyne. Editio quarto cur. Wagner. *Lipsiae et Londini*, 1830-1832. 4 vol. in-8, demi-rel. v. f.

459. Les œuvres de Virgile traduites en françois, le texte vis-à-vis la traduction (par Le P. Guyot des Fontaines). Ornées de figures en taille-douce, avec des remarques, par M. l'abbé des Fontaines. *A Paris, chez Quillau père*, 1743, 4 vol. in-8, frontisp. et figures veau ant. tr. r.
Bel exemplaire.

460. Œuvres de Virgile, traduites en françois, le texte vis-à-vis la traduction avec des remarques, par M. l'abbé des Fontaines. *Paris, imprimerie de P. Plassan*, an IV-1796, 4 vol. in-8, port. et figures, veau vert fil. dent à froid tr. marbr. (*Bibolet*).

461. L'Enéïde de Publ. Virgile en vers français. *A Paris, chez Lenormant*, an XII-1803, in-8, veau brun, dent. à froid et int. fil. tr. marb.

462. Les Bucoliques de Virgile trad. en vers français, par Didot. *Paris*, 1806, in-8, mar. vert, dent. tr. dor. (*Bradel*).
Envoi d'auteur.
Exemplaire en grand papier vélin

463. Les Bucoliques de Virgile, traduction en vers français, par Henri de Villodon. *Paris*, 1818, in-12, pap. de Hollande mar. bl. dent. tr. dor. (*Motet*).

464. Etudes sur Virgile, comparé avec tous les poètes épiques et dramatiques, anciens et modernes, par P. F. Tissot. *Paris, Jules Delalain*, 1841, 2 vol. in-8, demi-rel. veau bleu, tr. marbr.

465. Catullus, Tibullus et Propertius. J. Scaliger, recensuit. *Lutetiæ, apud Mamertum Patissonium*, 1577, in-8, mar. r. tr. dor. (*Petit*).

466. Catulli, Tibulli, Propertii quæ cæstant, cum Commentariis. *Lutetiæ Morel*, 1604, in-fol. mar. plats dorés (*anc. rel.*).

467. Catullus Cum Vossii observat. *Londini*, 1684, in-4, mar. vert, fil. tr. dor. (*Petit*).

468. Traduction complète des poésies de Catulle, suivie des poésies de Gallus et de la Veillée des fêtes de Vénus, par François Noël. *A Paris, chez Léger* an XI-1803, 2 vol. in-8, demi-rel. veau vert, tr. marbr.

469. J. Passeratii Commentarii in C. Val Catullum et Propertium. *Parisiis*, 1608, in-fol., vue de Paris sur le titre mar. r. fil. tr. dor. (*anc. rel.*).
Exemplaire de Dédicace au Duc de Sully, il porte sur les plats, l'aigle armé du foudre et la devise qu'il avait adoptée *Quo Jussa Jovis.*

470. Elégies de Tibulle, traduites par M. de Lonchamps. *A Amsterdam et Paris, chez Morin*, 1776, in-8, titre gravé veau marbr. fil. tr. r.

471. Elégies de Tibulle, par Mirabeau, avec 14 figures. *A Paris*,

an VI-1798, 3 vol. in-8, figures, demi-rel. bas. tr. jasp.
Le titre et le 1er feuillet du tome Ier sont renmargés dans le haut.

472. Sex Aurelii Propertii elegiarum libri quatuor, ad fidem veterum membranarum, curis secundis Jani Broukhusii, sedulo castigati. *Amstelaedami apud Rod. et Gerh. Wetstenios*, 1727, 2 vol. in-4, demi-rel. bas. rouge n. rog.

473. Sex. Aurelii Propertii elegiarum libri IV. Cum commentario Petri Burmanni secundi. *Trajecti ad Rhen. apud Wild*, 1780, 2 vol. in-4. portrait. demi-rel. v. gran. avec coins, n. rog.

474. Elégies de Properce traduites dans toute leur intégrité, avec des notes interprétatives du texte et de la Mythologie de l'auteur, nouvelle édition, par M. Delonchamps. *Paris, imprimerie de A. Egron*, 1802, 2 vol. in-8, veau fauv. dent. tr. dor. (*P. Meslant*).

475. Ovidii opera C. not. variorum. *Lugd. Bat.*, 1661, 3 vol. in-8, titr. grav. v. f. tr. dor.

476. P. Ovidii Nasonis Opera omnia, cum notis variorum, studio B. Onippingii. *Lugduni Batavorum*, 1670, 3 vol. in-8, frontisp. grav. v. gran. ant.

477. P. Ovidii Nasonis opera, quæ supersunt. *Parisiis J. Barbou*, 1762, 3 vol. in-12, frontisp. et figures, veau fauv. antiq. fil. tr. r.

478. Traduction en vers des métamorphoses d'Ovide, poème en 15 livres, avec des commentaires; par F. Desaintange (de l'imprimerie de Crapelet). *A Paris, chez Deterville*, an IX-1800, 2 vol. in-8, figures veau granit. fil. dent. tr. marbr.

479. Les Métamorphoses d'Ovide, traduites en vers, avec des remarques et des notes, par M. Desaintange. Nouvelle édition, revue, corrigée, le texte latin en regard, et ornée d'estampes, gravées au burin sur les dessins des meilleurs peintres de l'Ecole Française, Moreau le jeune et autres. *A Paris, chez Desray*, 1808, 4 vol. in-8, nombr. figures, veau brun, dent. à froid sur les plats tr. marbr.

480. Les Héroïdes d'Ovide, trad. nouvelle. *Paris*, 1797, in-8, mar. bl. fil. tr. dor.
Cette édition est ornée de vingt et un *en têtes*, par Zocchi.

481. Ovide. Traduction des Fastes avec notes par Bayeux. (Avocat aux parlement de Normandie). *Rouen*, 1783, 4 vol. in-8, mar. r. fil. tr. dor. (*Petit*).

Figures de Le Barbier.

482. Les Fastes d'Ovide. Traduction en vers avec des remarques d'érudition, de critique et de littérature fleurie; dédiée à l'empereur des Français par F. Desaintange. *A Paris, Levrault, Schoell*, 1804. 2 vol. in-8 veau vert jasp. dent. tr. marbr.

483. L'art d'aimer, d'Ovide suivi du remède d'amour. Traduction nouvelle avec des remarques mythologiques et littéraires par F. S. A. D. L..... *A Paris, chez Ancelle, an XI*, 1803. In-8, fig. veau fauve, large dent. tr. dor. (*Petit*).

484. Les œuvres galantes et amoureuses d'Ovide contenant : l'art d'aimer, le remède d'amour, les épîtres et les élégies amoureuses. *A Cythère, aux dépens du Loisir*, 1763. 2 tomes en un vol. in-12, frontispices, veau ant.

485. Commentaires sur les Epistres d'Ovide par Messire Gaspar Bachet, Sr de Meziriac. Nouvelle édition, avec plusieurs autres ouvrages du même auteur, dont quelques-uns paraissent pour la première fois, à *La Haye, chez Henry du Sauzet*, 1716. 2 vol. in-8, frontisp. v. f. antiq. fil.

486. Annaei Lucani Cordubensis Pharsalia sive Belli civilis libri decem... curante Francisco, Oudendorpio. *Lugduni Batavorum, apud Luchtmanns*, 1728. In-4, frontisp. grav. carte, vél. blanc de Hollande.

487. Lucani pharsalia, cum notis Hugonis, Grotii et Richardi Bentleri. *Straberry hill*, 1760. in-4, mar. fil. tr. dor. (*Petit*).

On a ajouté à cet exemplaire une lettre-carte de Bentley au libraire Dodley.

488. Lucain. La Pharsale, trad. en français par Marmontel. *Paris*, 1766. 2 vol. in-8, mar. r. fil. tr. dor. (*Anc. rel.*).

Figures de Gravelot.

489. Lucrèce. De la nature des choses ; trad. nouv. avec des notes, par L*.-G**. *Paris, Bleuet*, 1768. 2 vol. in-12, mar. r. fil. tr. dor. (*Anc. rel.*).

Figures de Gravelot.

490. Lucrèce de la nature des choses, traduit par La Grange (*de l'imprimerie de Didot le jeune*). *A Paris, chez Bleuet père*,

l'an II de la République. 3 vol. in-4, frontispice et figures veau rac. dent. fil. tr. marbr.

Très bel exemplaire en GRAND PAPIER VÉLIN avec les figures AVANT LA LETTRE.

491. Lucrèce..De la nature des choses, traduit par La Grange. *A Paris, chez Bleuet, l'an III de la République.* 2 vol. in-8, figure, demi-rel. veau vert. n. rog.

492. Di Rito Lucrezio Caro, della natura delle cose libri sei, trad. del latino in Italiano da Alessandro Marchetti. *Amsterd.*, 1754. 2 vol. in-8, v. m. fil. tr. dor.

Figures d'Eisen et Cochin.

493. Juvenalis et Persii satyræ, cum notis Farnabii. *Amst., Blaeu*, 1650. In-12, mar. r. dent. tr. dor. (*Anc. rel.*).

494. Juvenalis et Persii, satyræ, *Birminghamiæ, Baskerville*, 1761. In-4 mar. r. (*Anc. rel.*).

495. Juvenalis Satirarum libri ex recognitione S. A. Philippe. *Lutetiæ Parisiorum Grangé*, 1747. In-12, fr. gr. mar. citr. tr. dor. (*Anc. rel.*)

496. Juvenalis Satiræ ex recens, Ruperti. *Lipsiæ*, 1801. 2 vol. in-8, demi-rel. vél. n. rogn.

497. Juvenalis Satiræ... Edidit Nic. Lud. Achaintre. *Parisiis*, 1810. 2 vol. in-8, demi-rel. v. br. tr. marbr.

498. Satires de Juvénal traduites en vers français par L. V. Raoul. *Amiens, imprimerie Caron-Vitet*, 1815. In-8, veau dent. à froid, fil, tr. dor. (*Lefebvre.*)

499. Persii Satiræ, Cum commentariis J. Bond. *Parisiis, Vitré*, 1641. In-8, mar. r. tr. dor.

500. Auli Persii Flacci satiræ. Edid. Achaintre. *Parisiis*, 1812. In-8, demi-rel. v. f. tr. marbr.

501. Auli Persii Flacci Satiræ. Edidit Dr Fred. Plum. *Hauniæ*, 1827. In-8, v. bleu, fil. dent. à froid sur les plats, dent. int. tr. dor. (*Petit*).

502. Satires de Perse. Traduction nouvelle, avec le texte latin à côté, et des notes, par M. l'abbé Le Monnier. *A Paris, chez Ch. Ant. Jombert*, 1771. In-8, fig. veau écaille, fil. tr. marbr.

503. Satires de Juvénal traduites par J. Dusaulx. *A Paris, chez Merlin, an XI*, 1803. 2 vol. in-8, veau écail. tr. jasp.

504. Satires de Perse, traduites en français par Sélio. Nouvelle édition revue et augmentée de notes et observations, par N. L. Achaintre. *Paris*, *Dalibon*, 1822. In-8, portrait demi-rel. veau viol. tr. marbr.

505. Valerii Martialis epigrammatum libri XIV. Notis illustrati. *Parisiis*, 1601. In-4, mar. fil. tr. dor.

506. M. Valerii Martialis Epigrammatum libri. *Lutetiæ Parisiorum*, 1754. 2 vol. in-12, frontisp. 2 vignettes de Ch. Eisen, v. marbr. ant, fil. tr. dor.

507. Epigrammes de M. Val. Martial. Traduction nouvelle et complète par feu E. T. Simon. *A Paris*, *chez F. Gustel*, 1819, 3 vol. in-8, veau fauv. fil. dent. int. et à froid sur les plats, tr. peign. (*Petit*).

508. Claudiani quæ exstant varietate lectionis et perpetua adnotatione illustrata a Jo. Matt. Gesnero. *Lipsiæ*, 1759. In-8, v. gran. ant.

509. Claudii Claudiani Operia omnia, cum notis variorum... *Amstelodami*, 1760. In-4, v. ant. marbr.

510. Œuvres complètes de Claudien, traduites en françois pour la première fois, avec des notes mythologiques, historiques et le texte latin. *A Paris*, *chez A. J. Dugour et Durand*, *an VI*. 2 vol. in-8, demi-rel. veau brun, tr. marbr.

511. The rape of Proserpine with other poems from Claudian, into english verse by J. G. Strutt. *London*, 1814. In-8, mar. v. dent. tr. dor. (*Petit*).

512. Petrone. Poème sur la Guerre civile, trad. en français. *Amst.*, 1737. In-4, v. f. fil. tr. dor.

513. Valerii Flacii Argonauticon libri, curante Burmanno. *Leidæ*, 1724. In-4, v.

514. Argonautique de Valérius Flaccus, ou la conquête de la Toison d'or, poème traduit en vers français par M. Adolphe Dureau de Lamalle. *A Paris*, *chez Michaud frères*, 1811. 3 vol. in-8, demi-rel. veau fauve n. rog. (*Thouvenin*).

515. M. Manili Astronomicon libri quinque. Edit. Jos. Scaligeri. *Lutetiæ*, 1779. — Jos. Scaligeri in Manili quinque libros astronomicon commentarius et castigationes. *Lutetiæ*, 1779. 2 ouvrages en un vol. in-8, cuir de Russie, fil. dent. à froid, tr. dor. (*Ginain*).

516. P. Papinii Statii Librarum libri quinque. Recensuit Jer. Marklandus. *Londini*, 1728. In-4, v. f. fil. dent. int. tr. dor. (*Petit*).

517. Les Sylves et l'Achillcide de Stace, avec des remarques en latin et en françois. *A Paris, chez Sébastien Ibvre*, 1658. In-8, veau ant.

518. C. Silius Italicus. Punicorum libri, Curante Dra-Kenborch. *Traj ad Rh.*, 1717. In-4 vélin.

519. Ausonii Burdigalensis omnia Opera, notis Illustrater Eliam Venetum. *Burdigalae*, 1580. In-4, fig. v. br. ant. fil. (*Rel.* fatiguée.)

Exemplaire en grand papier avec les deux planches sur une seule feuille.

520. Ausonii Opera, cum notis, recensuit Tollius. *Amst.* Blaen, 1671. 2 vol. in-8, mar. r. (*Anc. rel.*).

521. Ausonii Mosella, cum commentario Freheri. *Typis Hegelini* (1619). In-fol. mar. r. fil. tr. dor. (*Petit.*)

522. Œuvres d'Ausone, en latin et en françois, avec des remarques, par M. l'abbé Jaubert. *A Paris, chez Théophile Barrois, s. d.* 4 vol. in-12, demi-cart. n. rog.

523. Poetæ latini minores, curante Burmanno. *Leidæ*, 1731. 2 t. en 1 vol. in-4, front. gr. bas.

524. Anthologia, sive Florilegium diversorum epigrammatum veterum in septem libros divisum. *Anno MDLXVI, Excudebat Henricus Stephanus*. In-4, chagr. r. fil. tr. dor.

525. Anthologia, veterum latinorum Cura Burmanni. *Amst.*, 1759. 2 vol. in-4, portrait, demi-rel. mar. r. n. rogn.

526. Pervigilium Veneris, ex editione Petri Pithœi, Cum ejus et Justi Lipsii Notis. *Hagae comitum, Apud Henricum Scheuilcer*, 1712. In-8, cuir de R. Quadr. fil. tr. marb.) *Bozerian jeune*).

527. Erotopægnion, sive priapeia veterum ac recentiorum. *Lutetiæ Parisiorum*, 1798. 2 part. en 1 vol. pet. in-8, 2 fig. demi-rel. v.

528. Poetæ latini rei venaticæ scriptores et Buccobici Antiqui. Cum notis variorum... *Lugduni Batavorum*, 1828. In-4, frontisp. grav. v. marbr. ant.

529. T. Calpurnii siculi Eclogæ XI recognovit Beck. *Lipsiæ*. 1803. In-12, mar, citr. dent. tr. dor. (*Petit.*)

530. Caii Sollii Apollinaris Sidonii Arvernorum episcopi opera, Jo. Savaro recognovit. *Parisiis, apud Perier*, 1599. In-4, v. br. ant. tr. jasp. armoiries sur les plats.

531. Caelii Sedulii opera omnia. Edit. à Faustino Arevalo. *Romæ*, 1794. In-4, fig. vélin blanc, tr. marbr.

532. Le Siège de Paris par les Normands en 885 et 886, poème d'Abbon, avec la traduction en regard, accompagné de notes explicatives et historiques par N. R. Taranne. *Paris, imprimerie Royale*, 1834. In-8, demi-rel. v. bleu, tr. jasp.

533. Aresta amorum, cum erudita Bened. Curtii Symphoriani explanatione. *Lugd. Apud Gryphium*, 1538, in-4, mar. v. fil. tr. dor. (*Petit*).

534. Anti Lucretius, sive de Deo et natura libri, Em. Card. Melchioris de Polignac. *Parisiis*, 1747, gr. in-8, mar. r. fil. tr. dor. (*anc. rel.*).
Portrait d'après Rigaud, gravée par Daullé.

535. L'Anti Lucrèce, poème sur la religion naturelle, composé par le Cardinal de Polignac, trad. par de Bougainville. *Paris, Coignard*, 1749, 2 vol. in-8, portrait mar. r. fil. tr. dor. (*anc. rel.*).

POÈTES FRANÇAIS.

536. Les anciens poètes de la France, publiés sous la direction de M. Guessard. *Paris, A. Franck*, 1862, 8 vol. in-12, cart. percal. brune n. rog.
Gaydon. — Macaire. — Gauffrey. — Fiérabras. — Parise la duchesse. — Hugues Capet. — Aliscans. — Aye d'Avignon. — Huon de Bordeaux.

537. Chrestomathie de l'ancien français (VIII-XV siècles) accompagnée d'une grammaire et d'un glossaire par Karl Bartoch. *Leipzic, F, C. W, Vogel*, 1866, gr. in-8, br.

538. Histoire poétique de Charlemagne par Gaston Paris, *Paris; librairie A. Franck*, 1865, gr. in-8, demi-rel. mar. vert, avec coins fil., dos orn. dor. en tête. ébarb.

539. Le Roman de Rou et des ducs de Normandie par Robert Wace. Publié pour la première fois d'après les manuscrits

de France et d'Angleterre par Frédéric Pluquet. *Rouen, Edouard Frère*, 1827, 2 vol. in-8, figures demi-rel. veau fauv. n. rog.

540. Observations philologiques et grammaticales sur le roman de Rou, et sur quelques règles de la langue des Trouvères au VIIe siècle par M. Raynouard. *Rouen, Edouard Frère*, 1829, in-8, demi-rel. veau fauv. n. rog.

541. Le roman de Brut par Wace, poète du XIIe siècle, publié pour la première fois d'après les manuscrits des bibliothèques de Paris avec un commentaire et des notes par Le Roux de Lincy. *Rouen, Edouard Frère*, 1836-38, 2 vol. in-8, figures demi-rel. bas.

542. Poésies de Marie de France, poète anglo-normand du XIIIe siècle, ou recueil de Lais, Fables et autres productions de cette femme célèbre. Publiées d'après les manuscrits de France et d'Angleterre, par B. de Roquefort. *Paris, Chasseriau*, 1819-20, 2 vol. in-8, figures demi-rel, avec coins, mar. r. tête dor. n. rog.

543. Floire et Blanceflor, poëmes du XIIIe siècle, publiés d'après les manuscrits. Avec une introduction des notes et un glossaire, par M. Edélestand du Méril. *A Paris, chez P. Jannet*, 1856, in-12, cart. toile roug.

544. Les Romans du Renard, examinés, analysés et comparés d'après les textes manuscrits les plus anciens, par Rotke• *Paris Techener*, 1845, in-8, pap. de Holl. mar. r. fil. tr. dor. (*Petit*).

545. Le roman du Renart, publié d'après les manuscrits de la bibliothèque du Roi des XIII, XIV et XVe siècles, par M. D. M. Méon. *A Paris chez Treuttel et Würtz*, 1826-35, 5 vol. in-8, frontispices par Desenne demi-rel. avec coin, veau brun. n. rog.

546. Tristan et Isoult, poème de Godfrit de Strasbourg, comparé à d'autres poèmes sur le même sujet. Par A Bossert. *Paris, librairie A. Franck*, in-8, demi-rel. v. bleu. tr. peign.

547. Li Roumans de Cléomadès par Adenès li Rois. Publié pour la première fois d'après un manuscrit de la bibliothèque de l'Arsenal à Paris par André van Hasselt. *Bruxelles, Victor Devaux*, 1865-66, 2 vol. in-8 br.

548. Le Roman de Flamenca, publié d'après le manuscrit uni-

que de Carcassonne, trad. et accompagné d'un glossaire par Paul Meyer. *Paris, Franck*, 1865, gr. in-8, mar. violet, fil. tr. dor,

549. Partonopeus de Blois, publié pour la première fois d'après le manuscrit de la bibliothèque de l'Arsenal avec trois fac-simile, par G. A. Crapelet. *Paris imprimerie de Crapelet.* 1834, 2 vol. gr. in-8, papier velin, demi-rel. mar. viol. n. rog. (*Meslant*).

550. Histoire de la croisade contre les hérétiques Albigeois écrite en vers provençaux par un poète contemporain. Traduite et publiée par M. C. Fauriel. *Paris, imprimerie Royale*, 1837, in-4, cartes demi-rel. avec coins mar. vert, dos orn. fil. tête, dor. ébarb. (*Petit Simier*).

De la collection des *Documents inédits sur l'Histoire de France.*

551. Le débat de deux demoysellcs, l'une nommée la noyre et l'a[illegible]e la tannée, suivi de la vie de Saint-Harenc et d'autres poésies du xve siècle avec des notes et un glossaire. *Paris imprimerie de Firmin Didot*, 1825, in-8, cart.

552. Clotilde de Surville, Poésies et poésies inédites publiées par Vanderbourg. *Paris*, 1824-27, 2 vol. in-8, v. v. tr. dor.

Figures sur chine avant la lettre.

553. Le roman de la Rose par Guillaume de Lorris et Jehan de Meung, Nouvelle édition revue et corrigée sur les meilleurs et plus anciens manuscrits par M. Méon. *A Paris imprimerie de P. Didot l'aîné*, 1814, 4 vol. in-8, port, bas. r. tr. jasp.

554. Les poètes françois depuis le xiie siècle jusqu'à Malherbe, avec une notice historique et littéraire sur chaque poète. *A Paris de l'imprimerie de Crapelet*, 1824, 6 vol. in-8, demi-rel. veau rose tr. marbr. (*Bibolet.*)

Bel exemplaire en papier velin.

555. Recueil des plus belles pièces des poètes françois depuis Villon, jusqu'à Benserade. *A Paris par la compagnie des libraires*, 1752, 6 vol. in-12, frontisp. veau ant. tr. marbr.

556. Œuvres de maistre François Villon, corrigées et augmentées d'après plusieurs manuscrits qui n'étoient pas connus, précédées d'un mémoire, accompagnées de variantes par J. H. R. Prompsault. *Paris Ebrard*, 1835, in-8, demi-rel. avec coin, veau fauv. tête dor. n. rog. (*Petit.*)

557. Œuvres de Clément Marot, valet de chambre de Fran-

çois Ier roy de France. Revues sur plusieurs manuscrits, et sur plus de quarante éditions et augmentées tant de diverses poésies véritables, que de celles qu'on lui a faussement attribuées, avec les ouvrages de Jean Marot son père, ceux de Michel Marot son fils, et les pièces du différent de Clément avec François Sagon ; accompagnées d'une préface Historique et d'observations critiques. *A la Haye chez P. Gosse et J. Neaulme*, 1731, 5 vol. in-12, veau gr. tr. r.

558. Œuvres complètes de Clément Marot. Nouvelle édition, ornée d'un portrait, et augmentée d'un essai sur la vie et les ouvrages de Cl. Marot, de notes historiques et critiques, et d'un glossaire. *Paris, Rapilly*, 1824, 3 vol. in-8, veau brun. comp. et dent. à froid, fil noirs, tr. marbr.

559. Œuvres complètes de Regnier. Nouvelle édition avec le commentaire de Brossette publié en 1729. *A Paris chez E. A Lequien*. 1822, in-8, demi-rel. mar. viol. n. rog.

560. Poésies de Malherbe, rangées par ordre chronologique avec un discours sur les obligations que la langue et la poésie françoise ont à Malherbe, et quelques remarques historiques et critiques. *A Paris Joseph Barbou*, 1757, in-8, papier de Hollande, portr. v. ant. tr. marbr.

561. Poésies de Malherbe, suivies d'un choix de ses lettres. *Paris, Janet et Cotelle*, 1822, in-8, grand papier, mar. gr. dent. tr. dor. (*Thouvenin*).

Portrait de Malherbe gravé par Dequerauviller.

562. Œuvres choisies de Malherbe, avec des notes publiées par L. Parrelle. *Paris Lefèvre*, 1825, 2 vol. in-8, portrait, v. bl. fil. tr. dor. (*Petit*).

563. La Pvcelle ov la France délivrée, poème héroïqve par M. Chapelain. *A Paris chez Augustin Courbe*, 1656, in-fol. frontisp. portr. et figures veau ant.

564. Œuvres de Nicolas Boileau Despreaux, avec des éclaircissements historiques donnés par lui-même. Nouvelle édition revue, corrigée et augmentée, enrichie de figures gravées par Bernard Picart Le Romain. *A La Haye, chez Isaac Vaillant*, 1722, 4 vol. in-12, frontisp. et figures, veau ant.

565. Œuvres complètes de Boileau Despréaux ; contenant ses poésies, ses écrits en prose, sa traduction de Longin, ses

lettres à Racine, à Brossette et à diverses autres personnes. *Paris imprimerie de Mame frères*, 1809, 3 vol. in-8, port. veau rac. fil. tr. jasp.

566. Œuvres poétiques de Boileau Despréaux précédées d'une notice biographique sur l'auteur. *Paris A. T. Breton et de Damseaux*, 1839, in-8, br.

567. Fables choisies mises en vers par J. de La Fontaine. Nouvelle édition gravée en taille-douce, les figures par le sieur Fessard, le texte par le sieur Montulay. Dédiées aux enfants de France. *A Paris*, chez l'auteur, 1765-1775, 6 vol. in-8, frontisp. figures, veau rac. dent. tr. dor.

Ouvrage entièrement gravé.

568. Fables de La Fontaine, trad. en vers italiens, par Petroni. *Paris Michaud*, 1811, 4 vol. in-12, mar. r. fil. tr. dor. (*Petit.*)

569. Fables de La Fontaine. Nouvelle édition précédée de l'éloge de La Fontaine par Chamfort. *Paris Parmentier*, 1825, 2 vol. in-8, port. demi-rel. veau viol. ébarb. (*Bibolet*).

570. Fables inédites des XIIe, XIIIe et XIVe siècles et fables de La Fontaine rapprochées de celles de tous les auteurs qui avoient avant lui, traité les mêmes sujets. Précédées d'une notice sur les fabulistes par A. C. M. Robert. *Paris Etienne Cabin*, 1825, 2 vol. in-8, port. et figures, veau gran. dent, tr. marb.

571. Contes et nouvelles en vers par M. de Lafontaine. Nouvelle édition, corrigée, augmentée et enrichie de figures. *A Amsterdam aux dépens de la compagnie*, 1766, 2 vol. petit in-8, figures veau ant, tr. r.

572. J.-B. ROUSSEAU. Œuvres. *Paris*, 1795, 4 vol. in-8, mar. r. fil. tr. dor. (*anc. rel.*).

Exemplaire papier velin. Portrait et figures AVANT LA LETTRE.

573. VOLTAIRE. La Henriade. *Londres*, 1728. In-4 mar. r. fil. tr. dor. (*Anc. rel.*).

Frontispices et fig. de De Troy.

574. La Religion, poème, par Racine. *Paris*, 1742. In-12 mar. vert. (*Anc. rel.*).

575. Gresset. Les œuvres choisies, *Paris, Furne*, 1830, 2 vol.

in-8, fig. de Moreau, v. bleu, fil. et comp. à froid, tr. marbr. (*Bibolet*).

A la suite du tome II, *Le Parrain magnifique*.

576. La Peinture, poème en trois chants par M. Le Mierre. *Paris chez Le Jay* s. d. In-8, figures, demi-rel. bas. tr. jaun.

577. L'art de peindre, poème par Watelet. *Paris*, 1760, gr. in-4, front. gr. et vignettes. mar. r. fil. tr. dor. (*Anc. rel.*).

578. Œuvres complètes de M. le cardinal de Bernis, *à Londres*, 1767, 2 tomes en un vol. in-12 demi-rel. veau fauve, tr. marbr. (*Bibolet*).

579. Œuvres du Cardinal de Bernis. *Paris, Didot. An V*. In-8, papier velin, mar. r. dent. tr. dor. (*Bradel*).

580. Les Saisons, poème (par St-Lambert). *Amst.*, 1769. In-8, mar. r. fil. dent. tr. dor. (*Anc. rel.*).

Figures de Le Prince et Gravelot.

581. Les Saisons, poème par Saint-Lambert. *Paris chez Janet et Cotelle*. 1823. Gr. in-8, figure de Desenne, v. vert, fil., dos orn. comp. à froid sur les plat. tr. marbr.

582. La Dunciade (par Palissot), poème, nouvelle édition. *Londres*, 1773. 2 vol. in-8, mar. r. fil. tr. dor. (*Anc. rel.*)

583. Les Grâces, recueil de différents ouvrages sur les Grâces (en prose et en vers), *à Paris, chez Laurent Prault*, 1769. In-8, figures de Moreau, veau fauve, filets. dent. int. tr. dor.

Bel exemplaire.

584. Origine des Grâces par Mademoiselle D***, (*Dionis.*) *à Paris*, 1777. In-8, figures par Cochin, fil. veau écaillé. ébarb.

585. Fables de Florian précédées d'une notice sur sa vie et ses ouvrages. Nouvelle édition augmentée de fables inédites, *Paris, Ponthieu*, 1825. In-8, port. demi-rel. veau viol. n. rog.

586. La Navigation, poème par Esménard. *Paris, Michaud*, 1805. 2 vol. in-8, fig. pap. vélin, mar. bleu. fil. tr. dor. (*Bozérian*).

Bel exemplaire provenant de la bibliothèque de *G. de Pixérécourt*.

587. Roucher. Les mois, poème en douze chants. *Paris, Quillau*, 1779. 2 vol. gr. in-4. mar. r. fil. tr. dor.

Aux armes de la comtesse d'Artois.

588. Poésies de Chénier suivies de la poétique d'Aristote. *aris, Baudouin frères*, 1822. 2 vol. petit in-12, demi-rel. veau noir tr. marb.

589. Œuvres d'Evariste Parny, *à Paris, chez Debray*, 1808. 5 vol. in-12 veau rac. dent. tr. jasp.

590. DELILLE: Le Malheur et la pitié, poème en 4 chants, pub. par M. de Mervé. *Londres, Dulau*, 1803. Gr. in-4 mar. r. dent. tr. dor. (*Bozérian*).

Edition rare. Elle est ornée des portraits de Louis XVI, Marie-Antoinette Mad. Elisabeth et Louis XVII.

591. Achille à Scyros, poème en six chants par J. Ch. J. Luce de Lancival, *à Paris, imprimerie de Fain*, 1807. In-8 demi-rel. veau brun, tr. jasp.

592. L'Enfant prodigue, poème en quatre chants, par M. Campenon. *Paris, Delaunay*. 1812. In-8, papier vélin, demi-rel. bas. tr. jasp.

Figures avant la lettre.

593. Méditations poétiques par Alphonse de Lamartine. *Paris, Gosselin*, 1823, in-8 figures. — La mort de Socrate, poème par A. de Lamartine. *Paris, Ladvocat*, 1823. 2 ouvrages en 1 vol. in-8, demi-rel. veau rose, tr. marb.

594. Harmo ies poétiques et religieuses par Alphonse de Lamartine. *Paris, Charles Gosselin*. 1830. 2 vol. in-8, vignettes sur les titres. cart. tr. dor.

595. Chansons par M. J. P. de Béranger, *à Paris, chez les marchands de nouveautés*, 1821. 2 vol. in-12. — Procès fait aux chansons de Béranger avec le réquisitoire de Mᵉ Marchangy; le Plaidoyer de Mᵉ Dupin; l'arrêt de renvoi et autres pièces, *à Paris, chez les marchands de nouveautés*, 1821. Ens. 3 vol. in-12. veau viol. dent. à froid sur les plats, tr. marbr. (*Le Doux*).

596. Œuvres complètes de Millevoye, dédiées au roi, *à Paris. chez Ladvocat*, 1823. 6 vol. in-16, port. et figures, demi-rel. veau vert. tr. marb.

597. Poésies par madame Amable Tastu. *Paris, J. Tastu*, 1827 In-8, frontispice sur Chine, veau gris, quadrillé. fil. noir, dent, à fr. tr. dor. (*Martin*).

598. Le Printemps d'un proscrit, poème en quatre chants suivi de l'enlèvement de Proserpine et de mélanges en prose par M. Michaud. *Paris, Ambroise Dupont*, 1827. In-8,

veau fauve, fil. dent. à froid sur le plat, tr. dor. (*Bibolet*).

599. Napoléon en Egypte. poème en huit chants, par Barthélemy et Méry. *Paris, Ambroise Dupont*, 1828. In-8 demi-rel. avec coins, mar. bleu, fil. tr. jasp. (*P. Grandin*).

600. Méry et Barthélemy. — Opuscules poétiques, réunion de 7 pièces en 1 vol. in-8 demi-rel. avec coins, mar. bleu, fil. tr. jasp. (*Grandin*).

La Velléliade ou la prise du château Rivoli, poème héroï-comique en 5 chants, 1826. — Rome à Paris, poème en 4 chants, 1827. — Peyronnéide, épitre à M. de Peyronnet, 1827. — La Corbiériade ou le triomphe des moines, poème héroï-comique en 5 chants par Auguste Colin, *Paris*, 1827. — Le Congrès des Ministres ou la revue de la Garde Nationale. Scènes historiques. *Paris*, 1827.— Mort du général Lamarque. *Paris*, 1832. — Sept cents vers ou réponse à M. Barthélemy par Bastide et Lebas. *Paris*, 1832.

601. Douze journées de la Révolution, poème par Barthélemy. *Paris, Perrotin*, 1832. In-8, figures. demi-rel. avec coins, chagr. bleu. fil. tr. jasp. (*Grandin*).

602. Œuvres de Barthélemy et Méry, précédées d'une notice par L. Reybaud. *Paris, A. J. Dénain*, 1831. 4 vol. petit in-12 portrait, demi-rel. veau bleu, tr. marbr. (*Bibolet*).

POÈTES ÉTRANGERS.

603. Dante. La Divina commedia. *Venezia*, 1757. 5 vol. in-4, v. fil. tr. dor. figures.

604. La divina commedia di Dante, col commenta di Biagioli. *Parigi*, 1818. 3 vol. in-8, bas.

605. L'Enfer, poème du Dante, traduction nouvelle, *à Londres et se trouve à Paris chez Mérigot*, 1783. In-8, portr. et fig. veau fauve, fil. tr, dor. (*Bozerian*).

606. Dante. L'enfer. trad. par Moutonnet de Clairfons. *Florence* 1776. In-8. mar. r. tr. dor. (*Anc. rel.*).

607. Orlando furioso di M. Lodovico Ariosto. *In Venetia, Valgrisi*, 1568. In-4, front. fig. vél. blanc.

608. Orlando Furioso di Lodovico Ariosto. *Birmingham Baskerville*, 1772. 4 vol. gr. in-8, figures de Moreau et d'Eisen. mar. r. large dentelle, tr. dor. doublés de soie. (*Rel. mod.*)

609. La Morte di Suggiero, continuata alla Materia del Ariosto

par Giov. Pescatore. *In Venetia,* 1550, in-4, fig. s. bois, mar. br. tr. dor. (*Petit*).

610. Arioste. Rolland furieux. Traduction nouvelle et en prose par M. V. Philipon de La Madelaine édition illustrée de 300 vignettes et de 25 magnifiques planches tirées à part sur chine. *Paris, J. Mallet,* 1844, gr. in-8, figures veau fauv. large dentelle, tr. dor. (*Petit*)

611. IL PETRARCHA, con l'expositione d'Alessandro Velutello. *In Venegia,* 1541, pet. in-8, marbr. tr. dor. (*Hardy*).

612. Le Rime del Petrarca brevementa esposte per Lodovico Castelvetro. *In Venezia,* 1756. 2 vol. in-4, frontisp. nombr. fig. cuir de R. dent. sur les plats, tr. marbr.

613. Rime di Petrarca col commento di Biagioli, *Pacrigi,* 1821, 2 tomes en 3 vol. in-8, demi rel. mar. r. tr, sup. dorée n.-rogn.

614. Rimes de Pétrarque traduites en vers, texte en regard par Joseph Pouleng. *Paris, librairie internationale,* 1865, 4 vol. in-12 demi-rel. cuir de R. avec coins, tr. peign.

615. Le Génie de Pétrarque ou imitation en vers français de ses plus belles poésies, précédée de la Vie de cet homme célèbre, dont les actions et les écrits sont une des plus singulières époques de l'histoire et de la littérature moderne. *Paris chez Lacombe,* 1778, in-8 veau rac. fil. tr. dor.

616. TORQUATO TASSO. La Gerusalemme liberata. *In Parigi,* 1771. 2 vol. in-4 front. et fig. de Gravelot. mar. r. fil. tr. dor. (*Reliure du temps*).

617. La Secchia Rapita. Le seau enlevé poëme héroïcomique du Tassoni. *A Paris, chez Guillaume de Luyne,* 1678. 2 vol in-12 veau ant.

Mouillures.

618. TASSONI. La Secchia Rapita, poema eroicomico di Alessandro Tassoni. *Parigi Prault,* 1766. 2 vol. in-8, mar. r. fil. tr, dor. (*Anc. rel.*).

Figures de Gravelot.

619. La Lusiade du Camoens poëme héroïque sur la découverte des Indes Orientales. Traduit du Portugais par M. Duperron de Castera. *A Paris Huart,* 1785, 3 vol. pet. in-12, figures, veau ant.

620. Les lusiades ou portugais, poème de Camoens, en dix chants. Traduction nouvelle avec des notes par J. B[te] J. Millié. *Paris, Firmin Didot père et fils*, 1825, 2 vol. in-8, demi-rel. veau bleu, tr. marbr.

621. Ossian, fils de Fingal, barde du IIIe siècle ; poésies galliques, traduites sur l'anglais de Macpherson par Letourneur. Nouvelle édition augmentée des poëmes d'Ossian et de quelques autres bardes. *Paris, J. G. Dentu*, 1810. 2 vol. in-8, port. et figures, demi-rel. v. br. tr. marb.

622. The Faerie queenne by Edm. Spenser. With an exact collation of the two original editions, published by himself at London in-4 ; the former containing the first Three Books printed in 1590, and the Latter the six Books in 1596, to which are now added a new Life of the author and also a glossary. Adorn'd with thirty-two Copper-Plates. *London, Printed for J. Brindley*, 1751. 3 vol. in-4, figures, cuir de Russie, dent. tr. marbr.

623. Milton. Le Paradis perdu, traduction interlinéaire par Luneau de Boisjermain. *Paris*, 1784, 2 vol. in-8, mar. r. fil. tr. dor. (*Anc. rel.*).

Exemplaire aux armes de LE TONNELIER DE BRETEUIL, président au Parlement de Paris.

624. MILTON. Le Paradis perdu. Edition en anglais et en français ornée de douze estampes imprimées en couleurs d'après les tableaux de Schall. *Paris, Defer de Maisonneuve*, 1791, 2 vol. in-4, papier vélin figures imprimées en couleur, mar. r. fil. tr. dor. (*Bozérian*).

625. MILTON. Paradis perdu, trad. par Delille. *Paris, Michaud An XIII*. 3 vol. in-12 papier vélin, *fig. de Monsiau et Le Barbier avant la lettre*, mar. bl. tr. dor. (*Bozérian*).

626. Hudibras, poëme de Samuel Butler, écrit pendant les guerres civiles d'Angleterre et traduit en vers français par J. Towneley, avec des remarques de Larcher et figures d'après Hogart. *A Londres et à Paris chez Jombert*, 1819. 3 vol. in-12, figures veau rac, fil. tr. marbr.

627. POPE. Essai sur l'homme, trad. en français. *Lausanne*, 1745. In-4, mar. r. fil. tr. dor. (*Petit*).

Edition ornée des jolies figures de Delamonce gravées par Soubeyran et Gallimard.

628. La boucle de cheveux enlevée, poëme héroï-comique de M. Pope, poète anglais. Traduit en vers français par M. D** Balsora ou la sultane posthume, nouvelle persanne par le même auteur. *A Paris, chez Thiboust*, 1742, in-8 veau brun tr. dor.

Aux armes de J. Bignon.

629. THOMPSON. Les saisons, poème trad. de l'anglais. *Paris, Didot*, 1796, gr. in-8 pap. vélin mar. r. fil. tr. dor.

Figures de LEBARBIER AVANT LA LETTRE.

630. Fables pour les dames, traduites de l'anglais. *A Amsterdam, chez J. F. Boitte*, 1764. — Fables pour les jeunes gens. *S. l. n. d.* Ensemb. 2 parties en 1 vol. in-8 demi-rel. bas. avec coins tr. r.

631. La bataille d'Herman, par Bardit de Klopstock. *Paris, Charles Frédéric Cramer an VIII*, in-8 bas. tr. r.

632. Poésies lyriques de M. Ramler, traduites de l'allemand. *A Berlin chez Chret. Fred. Woss.* 1777, in-12, demi-rel. bas. tr. jasp.

633. Fragmenta Hostlangae et Thorsdrapae. *Hauniae*, 1801. in-8, cart.

Poètes suédois du xe siècle.

634. Epische Dichtungen aus dem Persischen des Firdusi, von Adolph. Friedrich von Schaek. *Berlin Hertz*, 1853. 2 vol. in-8, demi-rel. cuir de R. avec coins, fil. tr. peign.

THÉATRE

635. Théâtre des Grecs, par le P. Brumoy. Nouvelle édition enrichie de très belles gravures et augmentée de la traduction entière des pièces grecques dont il n'existe que des extraits dans toutes les éditions précédentes. *A Paris chez Cussac*, 1785, 13 vol. gr. in-8, figures, veau rac., dent., tr. dor.

Exemplaire sur GRAND PAPIER avec les figures AVANT LA LETTRE.

636. Le théâtre des Grecs, par le P. Brumoy, seconde édition complète, revue, corrigée et augmentée de la traduction d'un choix de fragmens de poètes grecs tragiques et comiques, par M. Raoul-Rochette. *A Paris, chez Mme Ve Cussac*,

1820-28. 17 vol. in-8 frontisp. et figure demi-rel. veau brun tr. marbr. (*Bibolet*).

637. Théâtre d'Eschyle, trad. en français, par La Porte Du Theil. *Paris, An III*. 2 vol. in-8, fig. v. rac.

638. Lexicon Aeschyleum, composuit Augustus Wellauer. *Lipsiæ*, 1830-31. 2 tomes en un vol. in-8, demi-rel. mar. vert, tête dorée.

639. Sophoclis opera gr. et lat. ed. Brunck. *Argentorati*, 1786. 2 vol. gr. in-4 v. ant.

640. Euripidis quæ exstant omnia, gr. et lat. Opera et studio Josuae Barnes. *Cantabrigiæ*, 1694. 2 parties en 1 vol. in-fol. portraits vél. blanc.

641. Euripidis drama supplices Mulieres, gr. et lat. cum notis variorum. *Londini*, 1763. In-4, v. f. ant. fil.

642. Euripidis Tragœdia Hippolytus. Græce et latine. Edid. Valckenaer. *Lugduni Batavorum*, 1768. — Lud. Casp. Valckenari Diatribe in Euripidis perditorum dramatum reliquias. *Lugduni Batavorum*, 1767. 2 ouvrages en un vol. in-4, demi-rel. bas. v., tr. marbr.

643. Euripidis Tragœdia Phoenissae, græce et latine. Edid. Valckenaer. *Lugduni Batavorum*, 1802. In-4, demi-rel. bas. verte, tr. marbr.

644. Menandri et Philemonis reliquiæ. Edidit Aug. Meineke. *Berolini*, 1823. In-8, demi-rel. v. br.

645. Fragmens de Ménandre et de Philémon, suivis d'un choix de fragmens de divers autres poètes comiques grecs, et de nouveaux fragmens d'Euripide. Traduit par M. Raoul Rochette. *Paris, imprimerie de C. J. Trouvé*, 1825, in-8, portr. demi-rel. veau r. tr. jasp.

646. Aristophanis Comædiæ. gr. et lat. curante Burmanno. *Lugd. Bat*. 1760. In-4 vélin.

647. Excerpta ex Tragœdiis et Comædiis græcis tum quæ exstant, tum quæ perierunt : Emendata et latinis versibus reddita ab Hugone Grotio. *Parisiis*, 1626. In-8, v. violet, fil., tr. marbr.

648. Théâtre complet des Latins, par J. B. Levée et feu l'abbé

Le Monnier. *A Paris, chez A. Chasseriau*. 1820-23. 15 vol. in-8, demi-rel. veau fauv., tr. marbr. (*Bibolet*).

649. Acci Plauti Comoediae, cum notis variorum Joh. Fred. Gronovii. *Amstelodami*, 1684. In-8, frontisp. gr. vél. blanc, fil.

650. Publii Terentii Afri comoediae sex, ad optimorum exemplarum fidem recensitae... *Lutetiae, Parisiorum*, 1753. 2 vol. in-12. frontisp. grav. fig. v. écail. ant. fil. tr. dor.

651. TERENTII Comœdiae ex recensione Heinsii *Romæ*, 1767. 2 vol. in-fol. fig. et culs de lampe mar. fil. t. dor. (*Simier*)

652 P. Terentii Comediae. *Birminghamiæ, Baskerville*, 1772. in-4, mar. r. fil. tr. dor. (*Reliure du temps*).

653. Publi Terenti Afri Comoediae VI. *Basileae, Decker*, 1797, in-4, cart. n. rogn.

654. Les comédies de Térence avec la traduction et les remarques de mad[e] Dacier. *A Amsterdam, chez Arkstée et Merkus*, 1747, 3 vol. in-12, figures, veau ant.

655. Les comédies de Térence, traduction nouvelle avec le texte latin à côté, et des notes par l'abbé Le Monnier. *A Paris chez Ant. Jombert*. 1771, 3 vol. in-8 frontispice, figure veau fauv. dent. tr. dor. (*P. Simier*).

656. L. Annaei Senecae Tragediae, cum notis variorum..,Edid. Jo. C. Schroderus. *Delphis*, 1728. in-4, frontisp. gr. vél. blanc de Hollande fil. armoirie.

657. Répertoire du théâtre françois, ou recueil des tragédies et comédies restées au théâtre depuis Rotrou pour faire suite aux éditions in-8 de Corneille, de Molière, Racine, Regnard, Crébillon et au théâtre de Voltaire, avec des notices sur chaque auteur, et l'examen de chaque pièce, par M. Petitot. Nouvelle édition revue avec soin et augmentée des chefs-d'œuvre de Beaumarchais, Collin d'Harleville, Ducis et Lefèvre. *Paris, Foucault*, 1817-1820. 33 vol. in-8 figures, demi-rel. veau brun tr. marbr.

658. Œuvres de P. Corneille avec les commentaires de Voltaire. *A Paris chez Antoine Augustin Renouard*, 1817, 12 vol. in-8, portrait et figures de Moreau le jeune, demi-rel. veau gris, tr. marbr. (*Bibolet*),

659. Œuvres de Molière avec un commentaire, un discours préliminaire et une vie de Molière, *A Paris. chez Ch. Desoer*, 1819-25. 9 vol. in-8, portr. et figures demi-rel. avec coins cuir de R. tr. marbr. (*Bibolet*).

660. Œuvres de Molière, avec des remarques grammaticales, des avertissemens et des observations sur chaque pièce, par Bret. Précédées de la vie de Molière, par Voltaire et de son éloge par Chamfort. Nouvelle édition imprimée sur celle de 1773. *A Paris, chez Tardieu-Dencole*, 1821. 6 vol. in-8 figures, veau rac. tr. marbr.

661. Œuvres de Jean Racine avec des commentaires, par M. Luneau de Boisjermain. *A Paris, imprimerie de Louis Cellot*, 1768. 7 vol. in-8 figures de Gravelot, v. écaille, fil. tr. dor.

662. Racine. Œuvres complètes. *Impr. de Didot jeune, Paris, Deterville*, 1796. 4 vol. in-8, mar. r. fil. tr. dor. (*Anc. rel.*).

Exemplaire papier vélin, avec le portrait gravé par Gaucher et les figures de Lebarbier AVANT LA LETTRE (La lettre sur papier de soie).

663. Œuvres de Jean Racine. *Paris, Le Normant*, 1810. 4 vol. in-8 portr. et figures br.

664. Œuvres complètes de J. Racine, revue avec soin sur toutes les éditions de ce poète, avec des notes, extraites des meilleurs commentateurs, par P. R. Auguis. *Paris, librairie de Fortic*, 1826, in-8 port. demi-rel. v. fauv. n. rog.

Édition compacte.

665. Théâtre de Quinault contenant ses tragédies, comédies et opéras. Nouvelle édition, augmentée de sa vie, d'une dissertation sur ses ouvrages, et de l'origine de l'opéra. *A Paris, chez la Ve Duchesne*, 1778. 5 vol. in-12 veau, race. fil. tr. marbr.

666. Quinault. Les Œuvres choisies. *Paris, Didot*, 1811. 2 vol. in-12 pap. vél. mar. vert. dent. tr. dor. (*Petit*).

667. Regnard. Œuvres. *Paris, Maradan*, 1790. 4 vol. gr. in-8 figures de Borel, mar. r. fil. tr. dor. (*Bradel*).

668. Œuvres de Crébillon, nouvelle édition corrigée, revue et augmentée de la vie de l'auteur. *A Paris, chez les libraires associés*, 1752. 3 vol. in-12, portr. veau écaille, fil. tr. marbr.

669. Œuvres de J.-F. Ducis, membre de l'Institut. Ornées d'un portrait de l'auteur, d'après M. Girard, et de gravures d'après MM. Girodet et Desenne. *Paris, chez Nepveu*, 1813. 3 vol. in-8, portr. et figures veau fauv., fil. tr. marbr.

670. Aminta di Torquato Tasso. *Crisopoli, Bodoni*, 1789. In-4, marb. vert. fil. large dent. sur les plats, tr. dor. (*Petit*).

671. Aminta. Favola Boschereccia de Torquato Tasso. *Parigi, Renouard*, 1800, in-12 mar. r. fil. tr. dor. (*Bozerian*).
Figure de Prudhon, avant la lettre.

672. Aminta, favola boschereccia di Torquato Tasso. *Parigi, Nepveu*, 1813. In-18, v. f. fil. tr. dor.
Fig. de Dessenne, avant la lettre,

673. Il pastor fido di Guarini. *Venetia*, 1602. In-4 mar. r. fil. dent. tr. dor. (*Petit*).
Racc. au titre. — Portrait et figures.

674. Tragédies-Opéra de l'abbé Metastasio. Traduit en françois, par M..... *A Vienne*, 1751. 7 vol. in-16, veau ant.

675. Obras dramaticas y liricas de Moratin. *Barcelona*, 1834. 6 vol. in-12, d.-rel. c. de R.

676. The works of Shakspeare revised from the best Authorities : with a memoir, and essay on his genius, by Barry Cornwall. *London*, 1843. 3 vol. in-8, texte à 2 col. nombr. fig. cart. percal. noire ébarb.

677. Chefs-d'Œuvre de Shakspeare. Traduits conformément au texte original, en vers blancs, en vers rimés et en prose, suivis de poésies diverses, par feu A. Bruguiere, baron de Sorsum, revue par M. Ch. de Chênedollé. *Paris, Dondey-Dupré père et fils*, 1826. 2 vol. in-8 demi-rel. veau brun, tr. marbr. (*Galette*).

678. A Index to the remarkable passages and vords made use of by Shakspeare. By the Rev. Sam. Ayscough. *London*, 1827. In-8, demi-rel. chagr. r. avec coins, fil. tête dor. ébarb.

679. The Shakespearian dictionnary ; forming a general Index to all the popular expressions and more striking passages in the woorks of Shakespeare, by Thomas Dolby. *London*, 1832. In-8, portrait, demi-rel. cuir de R., avec coins, fil. tr. marbr.

680. Faust. Tragédie de Goëthe, nouvelle traduction complète, en prose et en vers, par Gérard, *Paris, chez Madame Ve Dondey-Dupré*, 1835. In-12, eau-forte. Demi-rel. veau brun, tr. jasp.

ROMANS.

681. Traité de l'origine des romans, par M. Huet. *A Paris, chez Jean Mariette*, 1711. In-12 demi-rel. bas. tr. jasp..

682. Collection des romans grecs, traduits en françois avec des notes, par MM. Courier, Larcher et autres hellénistes. *Paris, chez J. S. Merlin*, (*imprimerie de Jules Didot l'aîné*,) 1822-28. 12 vol. in-16 figures, demi-rel. veau viol. tr. marbr.

Amours de Theagènes et Chariclée, par Hélliodore, 4 vol. — Amours de Chéréas et Callirrhoe, par P. H. Larcher, 2 vol. — Amours de Rhodante et Dosicles, par Théodore Prodrome. — Habrocame et Anthia, par Xénophon d'Ephèse. — Aventures d'amours de Parthénius. — Aventures de Hysméné et Hysminias, par Eumathe Macrembolite. — La Luciade ou l'âne de Lucius de Patras, par P. L. Courier. — Les Pastorales de Longus, par P. L. Courier.

683. Bibliothèque des romans grecs. Traduits en français. *A Paris, imprimerie Guillaume, an V de la Répub.* (1797). 6 vol. in-12, demi-rel. avec coins, bas.

Les affections d'amour de Parthenius, ancien auteur grec, jointes les narrations d amour de Plutarque. — Les amours de Leucippe et Clitophon. — Amours de Théogènes et Chariclée, histoire éthiopique. — Les Amours d'Abrocome et d'Anthia, histoire éphésienne. — Les Amours de Chereas et Callirhoë. — Les Amours de Rhodante et Dosiclès.

684. Les amours pastorales de Daphnis et Chloé, par Longus, trad. d'Amyot et d'un anonyme mises en parallèle. *Paris*, 1757. In-4, mar. v. fil. tr. dor. (*Anc. rel.*).

Frontispice de Coypel. Figure du Régent. Vignettes et culs de lampe, gravés par Foke, sur les dessins de Cochin et d'Eisen.

685. Longus. Daphnis et Chloé (Texte grec). *Parme, Bodoni*, 1786. In-4, mar. vert. dent. tr. dor. (*Bisiaux*).

686. Les amours pastorales de Daphnis et de Chloé, traduites du grec de Longus, par Amyot. *Paris, imprimerie de P. Didot l'aîné*, an VIII, 1790. In-4, figures de Prudhon, Gérard, papier vélin, demi-rel. avec coins mar. bleu, tête dor. ébar.

687. Eustathii de Ismeniæ et Ismenes amoribus, gr. et lat., curavit Teucherus. *Lipsiæ*, 1792. In-8, mar. bl. tr. dor.
Exemplaire de Renouard.

688. Nicetae Eugeniani narrationem amatoriam et Constantini Namassis fragmenta. Edidit Is. Fr. Boissonade. *Lugduni-Batavorum*, 1819. 2 vol. in-12, demi-rel. veau. br. tr. marbr.

689. Apuleus, metamorphoseon libri XI., c. notis Oudendorpii. *Lugd. Bat.*, 1786. In-4, dem.-rel. n. rogn.

690. Les Métamorphoses ou l'âne d'or d'Apulée, philosophe platonicien. Nouvelle édition, ornée de figures en taille douce. *A Paris, chez Jean-François Bastien*, 1787. 2 vol. in-8, portr. et figures veau marbr.

691. Titi Petronii Arbitri Satyricon quæ supersunt, cum commentariis et notis variorum, curante Petro Burmanno. *Amstelodami*, 1743. 2 vol. in-4, frontisp. v. marbr. ant.

692. Satire de Petrone, chevalier Romain. Nouvelle traduction par le citoyen D***, suivie de considérations sur la Matrone d'Ephèse. et d'un conte chinois sur le même sujet. *A Paris, chez Gérard*, 1803. 2 vol. in-8 demi-rel. bas.

693. Joannis Meursii elegantiae latini sermonis seu Aloisia Sigee Toletana de arcanis Amoris et Veneris. *Lugd. Batavorum*, 1757. 2 parties en un vol. in-8, frontisp. gr. v. ant. marbr. fil. tr. marbr.

694. L'éloge de la Folie, traduit du latin d'Érasme, par M. Guedeville. Nouvelle édition revue et corrigée sur le texte de l'édition de Barle, ornée de nouvelles figures avec des notes. *S. l.*, 1751. Texte in-8, tiré en in-4 frontisp. figures par Eisen. veau jasp. tr. r.

695. J. Barclii argenis, nunc primum illustrata. *Lud. Bat.*, 1659. In-8 mar. r. dent. tr. dor. (*Petit*).

696. Argenis. Roman historique (trad. par de Longne). *Paris, Prault*; 1278. 2 vol. in-12 mar. r. fil. tr. dor. (*Anc. rel.*).

697. Les vieux conteurs français, revus et corrigés sur les éditions originales accompagnés de notes, et précédés de notices historiques, critiques et bibliographiques, par Paul Lacroix. *Paris, Auguste Desrez*, 1841. Gr. in-8, texte à 2 colonnes, demi-rel., mar. r. tr. peigne.

698. Nouvelles Françoises en prose, des XIIIe et XIVe siècles, publiées d'après les manuscrits avec une introduction et des notes, par MM. L. Moland et Ce, d'Héricault. *A Paris, chez P. Jannet*, 1856 et 1858. 2 vol. in-16, cart. toile r. n. rog.

699. Les romans de la table ronde, et les contes des anciens bretons, par le vicomte Hersart de Villemarqué. *Paris, Didier*, 1861. Gr. in-8, demi-rel. avec coins cuir de Russie, r. tête dor. ébarb.

700. La Comtesse de Ponthieu, roman de chevalerie inédit publié avec introduction et traduction, par Alfred Delvau, (tiré d'un manuscrit au XIIIe siècle, appartenant à la bibliothèque impériale. *Paris, librairie de Bachelin Deflorenne*, 1865. In-8 de 46 pages, caractère gothique br.

701. Histoire de Huon de Bordeaux, Pair de France, duc de Guienne, Contenant les faits et actions héroïques. *A Troyes, chez la Ve Garnier*. s.d. 2 vol. — Histoire des quatre fils Aymons, très nobles et très vaillans chevaliers. *A Troyes, chez la Ve Garnier*, s. d.. — Histoire des nobles prouesses et vaillances de Gallien Restauré, fils du noble Olivier, le marquis, et de la belle Jacqueline, fille du roi Hugon. *Montbéliard imprimerie de Deckherr, s. d.* — Histoire de Valentin et Orson, très hardis. très nobles et très vaillans chevaliers, fils de l'empereur de Grèce. *Montbéliard, imprimerie Dekherr, s. d.* Ensemble, 3 ouvrages en 5 vol. in-4, texte à 2 colonnes figures demi-rel. avec coins veau fauv. tr. marbr.

702. Les Cent Nouvelles nouvelles. Publiées d'après le seul manuscrit connu avec introduction et notes, par M. Thomas Wright. *A Paris, chez P. Jannet*, 1858. 2 vol. in-16, cart. toile r. n. rog.

703. L'heptameron des nouvelles de Marguerite d'Angoulême reyne de Navarre. *Paris, Delahays*, 1858. In-12 chagr. br. tr. dor. (*Petit Simier*).

704. RABELAIS. Les Œuvres publ. avec des remarques (par Le Duchat.). *Amst.*, 1711. 5 vol. in-12 mar. fil. tr. dor. (*Petit*).

705. Œuvres de Rabelais, édition variorum augmentée de pièces inédites des songes drolatiques de Pantagruel et d'un nouveau commentaire historique et philosophique, par Er-

mangart et Éloi Johanneau. *A Paris, chez Dalibon*, 1823. 9 vol. in-8 port. et figures demi-rel. veau fauv. tr. marbr. (*Bibolet*).

706. Jugement et observations sur la vie et les œuvres grecques, latines, toscanes, et françaises, de M. François Rabelais, D.M. ou le véritable Rabelais réformé. *A Paris, chez Laurent d'Houry*, 1699. In-12 carte, veau fauv. fil. dent. int. tr. dor.

707. Le roman comique, par Scarron. Édition ornée de figures dessinées par Le Barbier, et gravées sous sa direction (*De l'imprimerie de Didot jeune, A Paris, chez Janet, l'an IV*ᵉ. 3 vol. in-8, portrait et figures, v. écaille, dent. tr. dor. (*Bozérian*).

708. Les Amours de Psyché et de Cupidon, par J. de La Fontaine. Édition ornée de figures imprimées en couleurs, d'après les tableaux de Schall. *Paris, Defer de Maisonneuve. Impr. Didot*, 1791. In-4, fig. mar. r. dent. tr. dor. (*Bradel*).

709. Les Aventures de Télémaque, par M. de Fénelon. *Paris, Didot jeune*, 1790. 2 vol. gr. in-8 papier vélin, figures et portr. demi-rel. v. fauv. tr. jasp.

710. Fénelon. Les Aventures de Télémaque. *Maestricht*, 1793. 2 vol. in-8, portrait et fig. mar. fil. tr. dor.

Le portrait est gravé par Tardieu.

711. Il Telemaco, in Ottava rima, da Flaminio Scarzelli. *Roma*, 1747. In-4, mar. r. dent. tr. dor (*Anc. rel.*).

Édition ornée de 24 figures d'après Coypel et autres. Gravées par Lebas, Scotin, etc.

712. Contes de Perrault précédés d'une notice sur l'auteur par le bibliophile Jacob, et suivis d'une dissertation sur les contes de fées par M. le baron Walckenaer. *Paris, Magnin-Blanchard s. d.* In-8 dérelié, figures dans le texte.

713. Collection de petits romans. *A Paris, chez Dauthereau*, 1826-27. 15 tomes en 8 vol. in-16, demi-rel. bas. vert, tr. jasp.

La vie de Marianne ou les aventures de madame la comtesse de ***, 5 tomes en 2 vol. — Simple histoire, 2 tomes en 1 vol. — Voyage sentimental suivi des lettres de Yorick et d'Eliza. — Le siège de Calais, nouvelle historique suivi des mémoires du comte de Comminge. — Le Diable boiteux, 2 tomes en 1 vol. — Mémoires du comte de Grammont, 2 tomes en 1 vol. — Histoire de Rasselas, prince d'Abyssinie, 2 tomes en 1 vol.

714. Histoire de Gil-Blas de Santillane, par Le Sage. Vignettes par Jean Gigoux. *Paris, chez Paulin*, 1835. Gr. in-8, figures demi-rel. mar. rouge. avec coins, dos orn. ébarb. (*Bibolet.*)

Bel exemplaire.

715. Le Diable boiteux, par M. Le Sage. Nouvelle édition, corrigée, refondue, augmentée d'un volume par l'auteur, et ornée de figures, avec les entretiens sérieux et comiques des cheminées de Madrid et les béquilles dudit diable, par M. B. de S. *A Amsterdam, chez Pierre Mortier*, 1785. 2 vol. in-12, figures, veau fil. tr. r. (*Petit.*)

716. Le Diable boiteux, par Le Sage, illustré par Tony Johannot, précédé d'une notice sur Le Sage, par M. Jules Janin. *Paris, Ernest Bourdin*, 1840. Gr. in-8, figures, demi-rel. chagr. r. avec coins dos orn. ébarbé.

717. La vie de Marianne ou les aventures de madame la comtesse de ***. *Paris, au bureau de la bibliothèque choisie*, 1829. 2 vol. in-8, demi-rel. vert, tr. marbr. (*Wagner.*)

718. Les Aventures d'Abdalla, ou son voyage à l'isle de Borico. Traduction de l'arabe, nouvelle édition ornée de figures en taille-douce. *Paris, J. B. G. Murier*, 1773. 2 vol. in-12, figures, veau ant.

719. Histoire des Sevarambes, peuples qui habitent une partie du troisième continent, communément appelée la Terre Australe, contenant une relation du gouvernement, des mœurs, de la religion, et du langage de cette nation, inconnue jusques à présent aux peuples de l'Europe. Nouvelle édition corrigée et augmentée. *A Amsterdam, chez Pierre Mortier, s. d.* 2 tomes en 1 vol. in-12, v. fauv. fil. tête dor. ébarb. (*Héring et Muller.*)

720. Tarsis et Zélie, par Levayer de Boutigny. Nouvelle édition. *A Paris, chez Muser fils*, 1774. 6 vol. in-8, frontispice et vignettes, mar. r. fil. tr. dor. (*Reliure ancienne*).

721. Les Incas, par Marmontel. *Paris, Lacombe*, 1777. 2 vol. in-8, mar. r. fil. tr. dor. (*Anc. rel.*)

Figures de Moreau.

722. Le Colporteur, histoire morale et critique, par M. de Chevrier. *A Londres, chez l'éternel Jean Nourse, l'an de la Vérité*, 1774, petit in-8, demi-rel. veau viol. tr. marbr.

723. Les Bataves, par Bitaubé. *Paris*, 1797. In-8, pap. vélin mar. r. fil. dent. tr. dor. (*Rel. mod.*)

724. Œuvres de madame de Tencin. — Mémoires du comte de Comminge. — Le siège de Calais, nouvelle historique, 2 vol. — Les Malheurs de l'amour, 2 vol. — Anecdotes de la cour et du règne d'Édouard II, roi d'Angleterre, 2 vol. *Amsterdam et Paris*, 1786. Ensemble 7 vol. in-12, portrait, mar. bleu, fil. tr. dor. (*Ancienne reliure.*)

725. Le Décaméron françois, par M. d'Ussieux. *A Paris, chez Nyon l'aîné*, 1783. 5 vol. in-8, nombr. figures, vignettes et culs de lampe, par Eisen, v. écaille, fil. tr. marbr.

726. Galatée, roman pastoral, imité de Cervantès par M. de Florian. *Paris, imprimerie de Didot l'aîné*, 1784. In-8, papier vélin, demi-rel. mar. la Vall. tr. jasp.

Exemplaire de Boissonade.

727. Hymne au soleil, par l'abbé de Reyrac. *Paris, Debure*, 1782. In-8, mar. r. dent. tr. dor. (*Anc. rel.*)

728. Le Compère Mathieu, ou les bigarrures de l'esprit humain. *A Paris, chez les marchands de nouveautés*, 1831. 4 vol. in-16, figures, demi-rel. veau fauv. tr. jasp.

729. Primerose, par Morel Vinelé. *De l'Imprimerie de Didot l'aîné. Paris, Bleuet*, 1798. Pet. in-12, mar. v. fil. tr. dor. (*Anc. rel.*)

Figures de Le Febvre.

730. Zélomir, par Morel Vindé. *De l'Imprimerie de Didot. Paris, Bleuet*, 1801. In-12, mar. v. fil. tr. dor. (*Anc. rel.*)

Figures de Le Febvre.

731. Paul et Virginie, par Jacques-Henri Bernardin de Saint-Pierre. *A Paris, Imprimerie de P. Didot l'aîné*, 1806. Gr. in-4, portr. et figures demi-rel. avec coins mar. vert, tête dor. n. rog.

732. Sethos, histoire ou vie tirée de monumens, anecdotes de l'ancienne Égypte, traduit d'un manuscrit grec. *A Paris, chez Jean-François Bastien, l'an III de la République française*, 2 vol. in-8, carte, demi-rel. veau r. tr. jaune.

733. Atala. René. Les Aventures du dernier Abencerage, par M. le vicomte de Chateaubriand. *A Paris, chez Lefèvre*, 1830.

In-8, figures, veau viol. comp. à froid sur les plats fil. noir, dent. int. tr. dor. (*Bibolet.*)

734. Les Natchez, par M. le vicomte de Chateaubriand. *A Paris, chez Lefèvre*, 1829. 2 vol. in-8, veau rose, comp. à froid sur les plats, tr. dor. (*Bibolet.*)

735. L'Ane mort, par Jules Janin, édition illustrée par Tony Johannet. *Paris, Ernest Bourdin*, 1842. In-8, figures, demi-rel. chagr. viol. tr. jasp.

736. Les Petits bonheurs, par M. Jules Janin, 4 dessins par Gavarni. *Paris, Morizot*, 1862. In-12, figures, cart. toile r. tr. dor.

737. L'Écolier ou Raoul et Victor, par Madame Guizot. *A Paris, chez Ladvocat, s. d.* 4 vol. in-12, figures, veau brun, comp. et dent. à froid sur les plats, tr. dor. (*Brigandat.*)

738. Le Tableau des riches inventions, couvertes du voile des feintes amoureuses qui sont représentées dans *le Songe de Poliphile*, subtilement exposées par Beroalde de Verville. *Paris, Matthieu Guillemot*, 1600. In-fol., figures, mar. r. fil. tr. dor. (*Rel. mod.*).

Exemplaire court de marges.

739. Hecatommithi, overo Cento Novelle di Giovanbattista Cinthio. *Vissegia*, 1574. 2 vol. in-4, mar. v. large dent. tr. dor. (*Petit.*)

Le titre de la première partie manque.

740. Il Decamerone di M. Giovanni Boccacio, *Londra*, 1757. 5 vol. in-8, frontisp. grav., portrait, fig. de Gravelot, v. écail. ant. fil. tr. dor.

Premières épreuves des gravures.

741. Il Decameron di M. Gio. Boccacio Tratto dall' Ottimo Testo scritto da Fr. D'Amaretto Mannelli sull' originale dell' autore, *s. l.*, 1761, in-4, portraits, v. f. dent, sur les plats et int. tr. dor. (*Petit.*)

742. Il Decamerone di Giovani Boccacio. *Londra*, 1774. 3 vol. in-12, veau, ant.

743. Contes de Boccace, trad. de l'italien, par A. Barbier. Vignettes de Tony Johannot Celestin Nanteuil, Grandville etc. *Paris*, 1846. Gr. in-8, fig. chagr. br. tr. dor.

744. Ragionamenti di Pietro Aretino. *s. l.*, 1584. In-8, 339 et 118 pages, cuir de Russie, fil. tr. jasp.

745. El ingenioso hidalgo Don Quixote de la Mancha. Compuesto por Miguel de Cervantès. *Madrid*, 1787. 6 vol. pet. in-8. d.-rel., *figures*.

746. El ingenioso hidalgo, Don Quixote de la Mancha, compuesto por Miguel de Cervantès. *Paris, Bossange*, 1814. 7 vol. in-18 bas., *fig. avant la lettre.*

747. L'Ingénieux Hidalgo don Quichotte de la Manche, par Miguel de Cervantès Saavedra, traduit et annoté par Louis Viardot. *Paris, J. J. Dubochet*, 1836-37. 2 vol. gr. in-8, figures, demi-rel. avec coins mar. bleu ébarb. (*Bibolet.*)

Très bel exemplaire.

748. Cervantes. Historia de los trabajos de Persiles y Sigismenda, *Barcelona*, 1768. In-4, mar. br. dent. int. tr. dor. (*Petit Simier.*)

749. Nouvelles espagnoles de Michel de Cervantes, trad. nouvelle par Lefebvre de Villebrune. *Paris, Ve Duchesnes*, 1778. 2 vol. gr. in-8, v. f. fil. tr. dor. (*Figures de Desrais.*)

750. Persiles et Sigismonde ou les pèlerins du nord, traduit de l'espagnol par H. Bouchon Dubournial. *Paris, Mequignon-Marvis*, 1822. 2 vol. in-8, br.

751. Aventures de Robinson Crusoé, par Daniel de Foe, traduites par madame A. Tastu; suivies d'une notice sur Foe et sur le matelot Selkirr, par Louis Reybaud, et ornées de nombr. figures sur acier d'après les dessins de M. de Sainson. *Paris, Moutardier, s. d.* 2 vol. in-8, figures, demi-rel. veau gris. tr. marbr.

752. Le Vicaire de Wakefield, par Goldsmith. Traduction nouvelle précédée d'une notice sur la vie et les ouvrages de Goldsmith et suivie de notes par Charles Nodier. *Paris, Victor Lecou, s. d.* Gr. in-8, figures, cart. toile bleu, dos orn. tr. dor.

753. Tom Jones ou histoire d'un enfant trouvé, par Fielding. Traduction nouvelle et complète, ornée de 12 gravures en taille-douce. *Paris, imprimerie de Firmin Didot frères*, 1833. 4 vol. in-8, figures, demi-rel. avec coins mar. viol. fil. tr. peign.

754. Œuvres de Walter Scott, traduites de l'anglais par M. Dufauconpret. *Paris, Gosselin*, 1822-30. 60 vol. in-8. demi-rel. v. viol. tr. marbr.

Il manque les volumes de 44 à 53.

On a joint à cet ouvrage : Histoire d'Ecosse racontée par un grand'père à son petit-fils. *Paris, Furne*, 1831. 3 vol. in-8. — Le Château périlleux, roman écossais du XIVe siècle (Castal Dangerous). Histoire de la Démonologie et de la sorcellerie. Traduction de M. Dufauconpret, avec des éclaircissements et des notes historiques. *Paris, Furne*, 1832. — Robert, comte de Paris. Roman du bas-empire, traduction par M. Dufauconpret, avec des éclaircissements et des notes historiques. *Paris, Furne*, 1832. Ensemble, 5 vol. in-8, demi-rel., v. viol., tr. marbr.

755. Œuvres de Walter Scott, traduit de l'anglais par A. J. B. Dufauconpret. *Paris, Gosselin*, 1827-28. 83 tomes en 40 vol. in-18, demi-rel. bas. verte, tr. jasp.

756. Simple Histoire. Traduction de l'anglais de mistriss Inchbald, par M. Deschamps. *A Paris, chez les marchands de nouveautés*, 1791. 2 vol. in-8, v. brun. dent. à froid sur les plats, tr. peign. (*Petit.*)

757. Lady Mathilde, pour servir de suite à simple histoire. Traduction de l'anglais de mistriss Inchbald, par M. Deschamps. *A Paris, chez les marchands de nouveautés*, 1792. In-12, v. fauv. dent. à froid sur les plats et dent. intér. tr. peign. (*Petit.*)

758. The Pirate of the Mediterranean. A Tale of the Sea, by Kingston. *London*, 1851. 3 vol. in-8, cart. percal. r. tête non rog.

759. Uncle Tom's Cabin, a tale of life among the Lowly, by Mrs Harret Beecher Stowe. *London*, 1852. In-8, figures, chagr. bl. large dent. sur les plats, tr. dor. (*Reliure anglaise.*)

760. The white Slave or Memoirs of a fugitive. A story of Slave life in Virginia, etc. edited by Hildreth. *London*, 1852. In-8, fig. mar. v. dos orné, large dent. sur les plats.

761. CONTES MORAUX et nouvelles Idylles de Salomon Gessner. *Zurie*, 1773. In-4, mar. r. fil. tr. dor. (*Anc. rel.*)

762. Mort d'Abel, poème, par Gessner, trad. par Hubert. Edition ornée d'estampes imprimées en couleurs, d'après les dessins de Monsiau. *Paris, Defer et Maisonneuve*, 1793. In-4, fig., mar. r. fil. tr. dor. (*Bradel.*)

763. GŒTHE. Hermann und Dorothea. *Braunschweig*, 1799. In-12, mar. citr. tr. dor. (*Bradel.*)

Jolie édition ornée de figures par Catel.

PHILOLOGIE — FACÉTIES

764. Morceaux extraits du banquet des savans d'Athénée, par Ad. Hubert, avec le texte en regard des notes critiques et historiques. *Paris, L. Hachette*, 1828. In-8, demi-rel., veau rose, tr. jasp.

765. Aur. Theodosii Macrobii Opera, cum notis variorum... Edidit Jocar. Zeunius. *Lipsiæ*, 1774. In-8, v. f., fil. (*Rel. anc.*)

766. Aulus Gellius. Noctes atticæ, cum selectis commentariis et recensione Thysii. *Lugd. Bat.*, 1666. In-8, mar. viol. fil. tr. dor. (*Rel. anc.*)

767. Auli Gellii noctium Atticarum libri XX. Cum notis Joh. Fred. et Jac. Gronoviorum. *Lugduni Batavorum*, 1706. In-4, frontisp. gr. vél. blanc, cordé de Hollande.

768. Claudii Salmasii Plinianæ exercitationes in Caii Julii Solini Polyhistora. *Trajecti ad Rhen*, 1689. — Claudii Salmasii Exercitationes de Homonyniis Hyles Iatricæ. *Trajecti ad Rhen*, 1689. Ensemble 2 part. en 1 vol. in-fol. mar. r. fil. dent. int. tr. dor. (*Anc. rel.*)

769. Dan. Wyttenbachii Opuscula. *Lugduni Batavorum*, 1821, 2 vol. in-8, vél. blanc, dent.

770. Nouveaux mémoires d'histoire, de critique et de littérature, par M. l'abbé d'Artigny, à *Paris, chez Debure*, 1849-56, 7 vol. in-12, v. ant. marbr.

771. Lettres de critique, de littérature, d'histoire, etc., écrites à divers savants de l'Europe, par feu M. Gibert Cuper. Publiée sur les originaux, par M. de B... *à Amsterdam et à Lepzic*, 1755, in-4, fig. v. ant. marbr.

772. Mélanges de critique et de philologie, par S. Chardon de La Rochette, *à Paris, chez d'Hautel*, 1812, 3 vol. in-8, demi rel. veau rose, tr. marbr.

773. Etudes littéraires et philosophiques, par D. Fabre d'Olivet. *Paris Hachette*, 1835, in-8, figures dem. rel. v. bleu, tr. marbr.

774. Essais d'Appréciations historiques ou examen de quelques points de philologie, de géographie, d'archéologie et d'histoire, par Jules Berger de Xivrey. *Paris, Desforges*, 1837, 2 tomes en 1 vol. in-8, demi-rel. veau fauv., tr. marbr.

775. Le moyen de parvenir, contenant la raison de tout ce qui a été, est et sera, dernière édition exactement corrigée et augmentée d'une table de matières. *Nulle part.* 100070030. 2 vol. in-12 veau ant. tr. jasp.

Cassure raccommodée dans la marge au titre du tome Ier.

776. Les Contes ou les nouvelles récréations et joyeux devis de Bonaventure des Periers, varlet de chambre de la Royne de Navarre. Nouvelle édition augmentée et corrigée, avec des notes historiques et critiques par M. de la Monnoye. *A Amsterdam, chez Z. Chatelain*, 1735, 3 vol. in-12, figures veau fauv. antiq. tr. r.

777. Les facétieuses nuits du Seigneur de Straparole, *s. l.*, 1726, 2 vol. in-12 mar. r. jans. dent. int. tr. dor. *(Vve Niedrée).*

778. Il piacevolissimo Fuggilotio di Thomaso Costo. *Venetia*, 1676, in-12 d. rel. mar. bl. tr. dor.

779. Mémoires de l'académie des sciences, inscriptions, belles-lettres, beaux-arts, etc., ci-devant établie à Troyes, en Champagne, *s. l.* 1768, in-12 veau ant.

780. Satyres de M. Rabener. Traduction libre de l'allemand, par M. de Boispréaux. A *Paris, chez P. G. Simon*, 1754, 4 tomes en 2 vol. in-12, demi-rel. mar. la Vall. tr. jasp.

ÉPISTOLAIRES

781. Alciphronis epistolæ, gr. et lat. *Traj. ad Rh.* 1791. in-8 mar. blanc. dent, n. rogn.

782. Lettres grecques par le rhéteur Aciphron, ou anecdotes sur les mœurs et les usages de la Grèce. Traduites pour la première fois en français, avec des notes historiques et critiques. *A Amsterdam et se trouve à Paris, chez Nyon l'aîné*, 1785, 3 vol. in-12, demi-rel. bas

783. M. T. Ciceronis Epistolæ..... Edid. Chr. God. Schütz.

Halae, 1809-1812, 6 vol. in-8, demi-rel. v. f. avec coins, tr. marbr.

784. Les lettres de Cicéron à ses amis, traduites en français, suivant l'édition de Grævius, avec des avertissements sur chaque livre, des sommaires et des notes sur chaque lettre. *A La Haye. chez Pierre Husson*, 1709, 4 vol. in-12 frontispice, maroq. viol. fil. tr. dor. (*reliure ancienne*).

785. Plinii secundi Epistolæ et Panegyricus. *Oxonii, apud West*, 1703, in-8, mar. r. fil. tr. dor. (*anc. rel.*).

786. Correspondance inédite de Henri IV, roi de France et de Navarre, avec Maurice le Savant, Landgrave de Hesse, accompagné de notes et éclaircissements historiques, par M. de Rommel. *Paris, Jules Renouard*, 1840, gr. in-8 port. demi-rel. avec coins cuir de R. dos orné fil. tr. jasp.

787. Lettres de Madame de Sévigné, de sa famille et de ses amis, avec portraits, vues et fac-simile. *Paris, J. J. Blaise*, 1828, 12 vol. in-8, portraits, figures, fac-simile demi-rel. veau brun, tr. marbr. (*Bibolet*).

788. Correspondance littéraire, philosophique et critique, adressée à un souverain d'Allemagne depuis 1753 jusqu'en 1769, par le baron de Grimm et par Diderot. *Paris, Longchamps*, 1813, 16 vol.— Correspondance inédite de Grimm et de Diderot, et recueil de lettres, poésies, morceaux et fragments retranchés par la censure impériale en 1812 et 1813. *Paris, H. Fournier J^e* 1829, 1 vol. Ensemble 17 vol. in-8, veau rac. dent. tr. jasp.

789. Lettres de Milady M. W. Montague, écrites pendant ses voyages en Europe, Asie, Amérique, trad. de l'anglais. *Rotterdam*, 1764, 2 vol. in-12 v. f. fil. tr. dor. (*Petit*).

MÉLANGES ET POLYGRAPHES

790. Analecta Græca sive varia opuscula Græca, hactenus non edita. *Lutetiæ Parisiorum*, 1688, in-4, v. br. ant.

Ouvrage publié par Pouget, Loppin et Montfaucon. Tome Ier seul publié.

791. Lucien, de la traduction de N. Perrot, Seigneur d'Abrancourt, avec des remarques sur la traduction. Nouvelle édi-

tion, revue et corrigée. *A Paris, chez Huart*, 1733, 3 vol. in-12, mar. r. dent, int. et extér. tr. dor. (*Bradel Derome*).

792. Lucien. Les Œuvres trad. du grec (par Bellin de Ballu). *Paris, Bastien*, 1788, 6 vol. in-8 tirés in-4 mar. r. *avec rel.*
Exemplaire en grand papier.

793. Œuvres complètes de l'empereur Julien, traduites pour la première fois du grec en français par R. Tourlet. *Paris, chez l'auteur*, 1821, 3 vol. in-8, demi-rel. veau fauv., tr. marbr. (*Bibolet*).

794. Stobæi florilegium gr. ed. Gaisford, *Lipsiæ*, 1823, 4 vol. in-8 d. rel. mar. r. fil. tr. sup. dor. n. rogn. (*Petit*).

795. M. Tullii Ciceronis opera recensuit J. N. Lallemand. *Parisiis, apud Barbou*, 1768, 14 vol. in-12 portrait, veau écaillé fil. tr. dor.

796. Les œuvres de Cicéron, de la traduction de M. du Ryer, *A Paris, par la Ce des libraires associés*, 1670, 12 vol. cuir de R. pl. tr. dor. (*Bozerian aîné*).

797. Œuvres complètes de M. T. Cicéron, traduites en français avec le texte en regard, édition publiée par Jos-Vict. Le Clerc. *Paris, chez Lefèvre*, 1825, 30 vol. — La République de Cicéron, d'après le texte inédit récemment découvert et commenté par M. Mai avec une traduction française par M. Villemain. *Paris, L. G. Michaud*, 1823, 2 vol. Ensemble 32 vol. in-8, portrait et figures demi-rel. veau brun, tr. marbr. (*Bibolet*).

798. Pétrone, Apulée, Aulu-Gelle, œuvres complètes avec la traduction en français publiées sous la direction de M. Nisard. *Paris, chez Firmin-Didot frères*, 1860, gr. in-8, texte à deux colonnes, demi-rel. avec coins chagr. rouge, tr. peign.

799. Museum Italicum seu collectio veterum scriptorum ex bibliothecis Iialicis, eruta a D. Joh. Masillonne et D. Mich. Germain. *Lutetiæ Parisiorum, apud Montalant*. 1724. 2 vol. in-4, fig. vél. blanc, non rog.

800. Francisci Petrarchæ Opera. (In fine). *Basileæ, Joa de Amerbach*, 1496, in-fol. caract. ronds, vél. blanc.

801. Justi Lipsi Opera omnia... *Vesaliæ*, 1675, 4 vol. in-8 frontisp. vél. blanc.

802. Œuvres de Blaise Pascal, nouvelle édition. *A Paris, chez Lefèvre*, 1819. 5 vol. in-8 portr. demi-rel. veau brun, tr. marbr. (*Bibolet*).

803. Œuvres complètes de J. La Fontaine, précédées d'une nouvelle notice sur sa vie. *A Paris, chez Lefèvre*, 1814. 6 vol. in-8, portr. et figures, veau gr. fil. tr. marbr.

804. Œuvres complètes d'Hamilton. *Paris, Colnet an XIII*-1805, 3 vol. in-8, portraits, veau rac. filets dos orné. tr. jasp.

805. Œuvres du comte Antoine Hamilton. *A Paris, chez A. Belin*, 1818, 2 vol. in-8, cart. tr. jasp.

806. Œuvres de Fontenelle. *A Paris, chez Jean François Bastien*, 1790, 8 vol. in-8 port. veau fauv. fil. tr. marbr. (*Thouvenin*).

807. Œuvres de Fontenelle. *A Paris, chez A Belin*, 1818, 6 vol. in-8, cart. tr. jasp.

808. Œuvres de J. B. Rousseau. Nouvelle édition, avec un commentaire historique et littéraire précédé d'un nouvel essai sur la vie et les écrits de l'auteur. *A Paris, chez Lefèvre*, 1820. 5 vol. in-8, portrait de l'auteur demi-rel. veau vert, tr. marbr.

809. Œuvres choisies de Bernard de La Monnoye. *La Haye*, 1770, 2 vol. in-4, mar. La Vall. fil. tr. dor.

810. Œuvres complètes de Voltaire. *Paris, Aug. Ant. Renouard*. 1819-22. 64 vol. in-8. — Table analytique des matières, 2 vol. Ense. 66 vol in-8, figures de Moreau (2e suite) demi-rel. veau rose, tr. marbr.

On a joint à cet exemplaire (en reliure uniforme) les ouvrages suivants :

N° 1. — Pièces inédites de Voltaire, imprimées d'après les manuscrits originaux. *Paris, P. Didot l'aîné* 1820, 1 vol. in-8

No 2. — Lettres inédites de Voltaire. *Paris P. Mongie et P. Dupont*, 1821-26. 2 vol. in-8.

N° 3. — Correspondance inédite de Voltaire avec Frédéric II, le président de Brosse et autres personnages, publiée par Th. Foisset. *Paris, Levavasseur* 1836, 1 vol.

N° 4. — Correspondance inédite de Voltaire avec P. M. Hennin. *Paris Merlin*, 1825 1 vol.

N° 5. — Mémoires sur Voltaire et ses ouvrages par Longchamps et Wagnière ses secrétaires, *Paris Aimé André* 1826, 2 vol.

N° 6. — Lettres inédites de Voltaire recueillies par M. de Cayrol et annotées par M. Alph. François, précédées d'une préface de M. Saint-Marc Girardin. *Paris Didier*, 1856. 2 vol.

N° 7. — Le dernier volume des œuvres de Voltaire (contes, comédies pensées, poésies, lettres). *Paris, Henri Plon* 1862. in-8, portrait de madame du Chatelet.
Ens. 10 vol. ajoutés.

811. Œuvres de J. J. Rousseau, avec des notes historiques, *Paris, chez Lefèvre*, 1819, 22 vol. portr. et figures par Desenne. — Œuvres inédites de J. J. Rousseau suivies d'un supplément à l'histoire de sa vie et de ses ouvrages ; par V. D. Musset-Pathay. *Paris, chez P. Dupont.* 1825 ; 2 vol. *piqûres d'humidité.* — Correspondance originale et inédite de J. J. Rousseau avec madame Latour de Franqueville et M. Du Peyrou. *Paris, chez Giguet et Michaud*, an XI-1803. 2 vol. Ens. 26 vol. in-8, demi-rel. v. viol. tr. marbr. (*Bibolet*).

812. Œuvres de Montesquieu. Nouvelle édition, contenant l'éloge de Montesquieu par M. Villemain, les notes d'Helvetius, de Condorcet et le commentaire de Voltaire sur l'Esprit des lois. *A Paris, chez E. A. Lequien*, 1819, 8 vol. in-8 portr. veau fau. comp. et dent. sur à froid, les plats fil. tr. dor. (*Thouvenin*).

813. Œuvres de Mad^e Cottin, publiées pour la première fois, en un seul corps d'ouvrage. Avec une notice sur la vie et les écrits de l'auteur, et ornées de cinq gravures. (*De l'imprimerie de Lebel à Versailles.*) *Paris, Foucault*, 1817, 5 vol. in-8, figures demi-rel. bas. fauv.

814. Œuvres de Denis Diderot. *A Paris, chez A. Belin*, 1818-19, 7 tomes en 12 vol. in-8, demi- rel. veau brun, tr. marbr. (*Bibolet*).

815. Œuvres complètes de Duclos, précédées d'une notice sur sa vie et ses écrits, par M. Auger. *A Paris chez Janet et Cotelle*, 1820. 2 vol. in-8, demi-rel. veau vert, tr. marbr.

816. Œuvres complètes de Marmontel, de l'Académie française. Nouvelle édition ornée de gravures. *A Paris, chez Verdière*, 1818-20. 19 vol. in-8, port. et figures demi-rel. veau fauv. tr. marbr. (*Bibolet*).

817. Recueil des œuvres de madame du Boccage des Académies de Padoue, Bologne, Rome, Lyon et Rouen. Augmenté de l'Imitation en vers du poëme d'Abel. *A Lyon, chez les frères Périsse*, 1770. 3 vol. in-8 fig. v. fauv. fil. dent. int. tr. dor. (*Petit*).

818. Manuscrit. — Extrait de Weisfed. — Extraits des pré-

jugés de Salgues. — Extraits du Dictionnaire Celtique de Buffet. — in-fol. vélin.

819. Œuvres du marquis de Villette. *Edimbourg*, 1788, in-8 pap. de Holl. mar. v. dent. tr. dor. (*Petit*).

Exemplaire de Boissonade.

820. Œuvres de Mancini-Nivernois, publiées par l'auteur. *Paris, imprimerie Didot jeune*, 1796, 8 vol. in-8, portr. veau rac. fil. tr. marbr.

821. Œuvres complètes de Beaumarchais, précédées d'une notice sur sa vie et ses œuvres. *Paris, au bureau de la Bibliothèque choisie*, 1829. 6 vol in-8, demi-rel. veau fauv. tr. marbr. (*Wagner*).

822. Œuvres de Rabaut-Saint-Etienne, précédées d'une notice sur sa vie, par M. Collin de Plancy. *Paris chez Laisné frères*, 1826. 2 vol. in-8 port. demi-rel. veau viol. tr. marbr.

823. Œuvres de Boullanger. *A Amsterdam*, 1794, 6 vol. in-8, veau rac. dent. tr. marbr.

824. Œuvres complètes de Jacques-Henri-Bernardin de Saint-Pierre, par L. Aimé Martin. *Paris, chez P. Dupont*, 1826, 16 vol. in-8, portr. et figures, demi-rel. veau tr. marbr. (*Wagner*).

825. DELILLE. Les œuvres complètes. *Paris, Michaud*, 1802, 18 vol. in-8, mar. r. fil. dent. tr. dor. (*Bozerian*).

PAPIER VÉLIN. Figures de Monsiau AVANT LA LETTRE.

826. Collection complète des pamphlets politiques et opuscules littéraires de Paul Louis Courier. *Bruxelles, chez tous les libraires*, 1826 in-8 portrait de l'auteur, demi-rel. veau brun tr. marbr.

827. Œuvres de Luce de Lancival, précédées d'une notice par M. Collin de Plancy, et des discours prononcés sur sa tombe par MM. Deguerle, Lacretelle et Roger. *Paris, Brissot-Thivars*, 1826. 2 vol. in-8, port. sur chine, veau fauv. dent. à froid. fil. tr. m.

828. DELAVIGNE (Casimir). Œuvres. — (Théâtre, 6 vol. — Messeniennes, 1 vol. — Derniers chants, 1 vol.). *Paris, Ladvocat* 1824, *Furne*, 1845. 8 vol. in-8 figures, v. bl. fil. tr. dor.

829. Leçons et modèles de littérature française, ancienne et moderne, depuis Ville-Hardouin jusqu'à M. de Chateaubriand, par P. F. Tissot. *Paris, J. L. Henry*, 1835-36. 2 vol. gr. in-8 texte à 2 colonnes, demi-rel. mar. vert, tr. jasp.

830. Litteraria. — Recueils de divers ouvrages en 3 vol. in-8, demi-rel. cuir de R. avec coins, fil.

Ueber die Bedenteng der sprache für die natur geschichte des Menschen. von A. Schleicher, 1865. — Novum specimen quo probatur iterum linguarum indo-europeorum origo Semitica. Studio Parrat, 1855. — Essai sur la langue Pehlvie, par M. le docteur Muller, 1839. — etc.

831. Operette di Jacopo Morelli. bibliothecario di S. Marco. *Venezia, Alvisopoli*, 1820. 3 vol. in-8, portrait, demi-rel. v. vert. tr. marb.

832. Opuscoli di Vermiglioli. *Perugia*, 1825. 2 vol. in-8, rel. v. f.

833. Œuvres complètes de N. Sterne, traduites de l'anglais par une société de gens de lettres. *Paris, chez Ledoux et Tenré*, 1818. 4 vol. in-8, portr. et figures demi-rel. veau fauv. n. rog.

834. Œuvres complètes de W. Robertson, traduites de l'anglais par MM. Suard, Morellet et Compenon, précédées d'un essai sur la vie de Robertson, par M. Campenon. *Paris, Janet et Cotelle*, 1829, 12 vol. in-8, avec cartes, demi-rel. v. rose, tr. marbr. (*Wagner*).

835. Gessner. Œuvres. *Genève* (*Cazin*) 1786. 3 vol. in-18 mar. v. fil. tr. dor. (*anc. rel.*).

Figures de Marllier.

836. Schiller's aus erlesene Werke. Mit dem Portr. des Dichters. *München et Paris*, 1836, 2 vol. in-8, portrait, cart. dos de toile, non rog.

HISTOIRE

GÉOGRAPHIE, VOYAGES

837. Claudii Ptolemaei Geographicae enarrationis libri VIII, ex Bilibaldi Pirckheymeri tralatione, sed ad græca et prisca exemplaria a Mich. Villanovano (Serveto) jam primum re-

cogniti, cum ejusdem scholiis. *Lugduni, ex offi. Melchioris et Gasp. Trechsel*, 1535, in-fol. figures, v. ant. marb.

838. Descriptionis Ptolemaicae Augmentum sive Occidentis notitia. *Duaci*, 1603, in-fol. frontisp. gr. cartes, parchemin ant.

839. Strabonis geographia gr. et lat. ed. Casaubon. *Amst.* 1707, 2 vol. in-fol. v. br.

840. Strabonis Rerum Geographicarum libri XVII. Edidit Joa. Ph. Siebenkees. *Lipsiæ*, 1796-1818. 7 vol. in-8, demi-rel. mar. olive, tr. marbr.

841. Pausaniæ Græciæ descriptio c. not. Kuhn, gr. et lat. *Lipsiæ*, 1696, in-fol. vélin.

842. Pausaniæ descriptio graecè. Recognovit Lud. Dindorfius, græce et latino. *Parisiis Firmin Didot*, 1845, in-8, texte à 2 col. br.

843. Peutingeriana tabula itineraria, adcurate excripta a de Scheyb. *Vendobonæ*, 1753, in-fol. demi-rel. et la carte sur toile.

Pomponii Melae cosmographia. Geographia (Infine :) *Venetiis*, 1482, in-4, goth. carte, cart. dos et coins vél. blanc.

845. Dionysii Alea, et Pomponii Melae situs orbis descriptio. Aethici cosmographia. C. J. Solini Polylistor. Graece et latine. Edidit Hen. Stephanus. *S. l.* 1577, in-4, demi-rel. cuir de R. avec coins, fil. tr. marbr.

846. Pomponius Mela. De situ orbis libri III, curante Gronovio. *Lugd. Bat.* 1722. 2 vol. in-8, mar. r. fil. tr. dor. (*anc. rel.*).

847. Pomponius Mela, traduit en français, sur l'édition d'Abraham Gronovius, le texte vis-à-vis la traduction, avec des notes, par C. P. Fradin. *Paris et Poitiers*, XII-1804. 2 vol. in-8, cartes. demi-rel. v. f.

848. Stephanus de urbibus, gr. et lat. cur. de Pinedo. *Amst.* 1678, in-fol. vélin.

849. Lucæ Holstenii notæ et castigationes in St Byzantii : De Urbibus. *Lugd. Bat.* 1684, in-fol. mar. r. tr. dor. (*Petit*).

850. Anonymi Ravennatis geographiæ libri quinque. Edidit S. Placidus Porcheron. *Parisiis*, 1698, in-8, v. gran. ant.

851. Dionysii Geographia, gr. et lat. edidit Wells cum 16 tabulis Aeneis. *Oxonii*, 1704, in-8, mar. r. tr. dor. (*anc. rel.*)

852. Recherches géographiques et critiques sur le livre *de Mensura orbis Terræ*, composé en Irlande, au commencement du IXe siècle par Dicuil; suivies du texte restitué par A. Letronne. *Paris, chez Germain Mathiot*, 1814, in-8, demi rel. v. viol. tr. marbr.

853. Theatrum geographiae veteris (graece et latine) opera P. Bertii. *Lugduni Batavorum, Excudebat typis suis Isaacus Elzevirius Sumptibus Judæi Hondii* 1618. 2 tomes en un vol. in-fol. nombr. cartes parch. antiq.

854. P. Bertii tabularum geographicarum libri VII. *Amst.* 1618, in-8, obl. cartes v. tr. dor.

855. Cosmographia Petri Apiani. *Antuerpiæ*, 1545, in-4, fig. demi-rel. v. f.

856. Novus Orbis Regionum ac Insularum Veteribus incognitarum... Edidit Sim. Grynæus (In fine). *Parisiis*, 1532, in-fol. v. granit ant.

857. Abrahami Ortelii Antuerpiani Thesaurus Geographicus. *Antuerpiæ*, 1596, in-fol., frontisp. v. f. ant.

Exemplaire au chiffre et aux armes de de Thou. Il a appartenu à Huet, évêque d'Avranches.

858. MICHÆLIS ANTONII BAUDRAND Parisini Geographia ordine litterarum disposita. *Parisiis*, 1681-1682, 2 vol. in-fol., mar. r., dos orné, fil. doublé de mar. r., fil. tr. dor. (*Du Seuil*).

Exemplaire de LOUIS DAUPHIN, dit le GRAND DAUPHIN, fils de Louis XIV et de Marie-Thérèse d'Autriche, dont les armes se voient au bas du dos de la reliure.

859. Geographica Antiqua gr. et lat. Edidit Jac. Gronovius. *Lugduni Batavorum*, 1697, in-4, vél. blanc.

860. Notitia Orbis Antiqui, sive geographia plenior, ab ortu Rerum publicarum ad Constantinarum tempora, auctor Chr. Cellarius, Edit. Schwartz. *Lipsiæ*, 1731-1732, 2 vol. in-4, portrait, cartes, vél. blanc antiq.

861. Géographie ancienne abrégée par M. d'Anville. *A Paris, chez Merlin*, 1769, in-fol., cartes, veau ant. marbr. tr. r.

862. Géographie universelle traduite de l'allemand de M. Büsching. *A Strasbourg, chez Bauer*, 1768-79, 14 vol. in-12, veau ant. marbr. tr. r.

863. Recherches sur la géographie systématique et positive des anciens, pour servir de base à l'histoire de la géographie ancienne, par P. F. J. Gosselin. *A Paris, imprimerie de la République*, an VI, 1813, 4 vol. in-4. cartes. — Géographie des Grecs analysée, ou les systèmes d'Eratosthenes, de Strabon et de Ptolémée, comparés entre eux et avec nos connaissances modernes, par M. Gosselin. *A aris, imprimerie de Didot l'aîné*, 1790, in-4 ens. 5 vol. in-4, cartes, v. rac. fil. tr. jasp.

864. Bulletin des sciences géographiques, etc., économie publique, voyages. Publié sous la direction de M. le baron de Férusac. *A Paris, chez Treuttel et Würtz*, 1824-31, 28 vol. in-8 demi-rel. veau fauve tr. marbr.

865. Géographie der Griechen und Rœmer, von Conrad Mannert; *Leipzig*, 1825-1829, 10 tomes en 14 vol. in-8, cartes, demi-rel. viol. tr. marbr.

866. Vergleichendes Worterbuch der alten, mittleren und neuen Geographie, von Fr. H. Th. Bischoff und J. H. Moller· *Gotha, Becker*, 1829, in-8, demi-rel. chagr. br. tr. jasp,

867. Rennel The Geographical system of Herodotus explained. *London*, 1830, 2 vol. in-8 cartonnés.

868. Aperçu de la Géographie ancienne, par Larenaudière. *aris*, 1831, in-8. papier vélin, v. bl. fil. tr. dor.
Tiré à petit nombre.

869. Géographie ancienne, historique et comparée des Gaules cisalpine et transalpine, suivie de l'analyse géographique des itinéraires anciens, et accompagnée d'un atlas de neuf cartes, par M. le baron Walckenaer. *A Paris, P. Dufart*, 1839, 3 tomes en 2 vol. in-8, et atlas in-4, demi-rel. avec coins cuir de R. fil. tr. peign. (*Petit*).

870. Nouveau Dictionnaire universel, usuel et complet de géographie moderne, récemment publié par une société de savants, de géographes, etc., extrait et traduit des princi-

pales langues de l'Europe, rédigés et mis en ordre par Hyacinthe Langlois. *Paris, H. Langlois, s. d.* 4 vol. in-4 texte à 2 col., demi-rel. veau fauve, tr. marbr..

871. Dictionary of Greek and Roman Geography, edited by William Smith. *London*, 1856-1857, 2 vol. in-8, cartes, fig. cart. toile.

872. Dictionnaire universel d'histoire et de géographie, contenant : 1° l'histoire proprement dite ; 2° la biographie universelle ; 3° la mythologie ; 4° la géographie ancienne et moderne, par M. N. Bouillet. *Paris, L. Hachette*, 1866, gr. in-8, texte à 2 col., chagr. noir plats toile, tr. jasp.

873. Diccionario Geografigo-Historico de Espana. *Madrid*, 1802, 2 vol. in-4, v. rac. ant.

874. Die Schweiz in ihren klassischen Stellen und Hauptorten, geschildert von Heinrid Gschokke. *Stuttgart et Saint-Gallen*, 1858, in-4, frontisp. gr. fig. cart. non rogn.

875. Dictionnaire géographique historique de l'empire de Russie, par N. S. Vsevolojsky. *Saint-Pétersbourg, J. Brieff*, 1833, 2 vol. in-8, texte à 2 colonnes, br.

876. Description physique de la contrée de la Tauride, relativement aux trois règnes de la nature, traduite du russe et enrichie de notes. *A La Haye, chez J. Van Cleef*, 1788, in-8, v. ant., fil.

877. Geographica. Tome Ier, Sciences géographiques. Tome II, Voyages. Réunion de divers ouvrages en 2 vol. in-8, demi-rel. v. r.

878. Mélanges de Géographie, environ 25 brochures réunies en 2 vol. in-8, cart.

De la collection géographique créée à la bibliothèque royale, examen. — La collection de la bibliothèque royale en 1845. — Rapport sur les travaux de la société de géographie pendant l'année 1847, par Vivien de Saint-Martin. — Sur la séparation primitive des bassins de la mer Morte et de la mer Rouge, par M. Letronne 1839. — Analyse d'une carte des Iles britanniques, par le baron Walckenaer. — Relation d'un voyage dans l'île L'Yemen, par Emile Botta. — Notice sur un voyage au Soudan Oriental, par P. Tremaux, 1850, etc , etc.

879. Atlas universel pour servir à l'étude de la géographie et de l'histoire ancienne et moderne, dressé par L. Vivien. *Paris, chez Ménard et Desenne*, 1827, gr. in-fol., 48 cartes color. demi-rel. bas. r. ébarbé.

880. La France. — Atlas des 86 départements et des colonie françaises, par MM. A. H. Dufour et Th. Duvotenay, avec une notice historique sur chaque département, par M. Albert Montémont. *Paris, Armand Aubrée s. d.*, in-fol. 86 pl. gravées en coul., demi-rel. veau fauv., tr. jasp.

881. Atlas topographique en 16 feuilles des environs de Paris. A la distance d'environ 8 myriamètres ou 18 lieues dans sa moyenne étendue, par Dom G. Coutans. Revu, corrigé et considérablement augmenté d'après nombre de cartes précieuses et plans particuliers, par Charles Piquet. *A Paris, chez Charles Piquet, An VIII*, 1800, in-fol. demi-rel. chagr. vert, tr. jasp.

16 feuilles gravées montées sur onglet.

882. Les jeunes Voyageurs en France ou lettres sur les départements. Ouvrage rédigé par L. N. A. et C. T,, entièrement revu et en partie refondu par M. G. B. Depping. Nouvelle édition ornée de 100 cartes et vues. *A Paris, chez Etienne Ledoux*, 1824, 6 vol. in-12, frontisp., cartes et vues, demi-rel. veau fauv. tr. marbr. (*Bibolet*).

883. Voyage pittoresque dans le bocage de la Vendée ou vues de Clisson et de ses environs, dessinées d'après nature et publiées par C. Thienon, peintre; gravées à l'*aqua tinta* par Piringer. On y a joint une notice historique sur la ville et le château de Clisson. *Paris, P. Didot l'aîné*, 1818, in-4, fig. cart. n. rog.

Exemplaire du Roi Louis-Philippe et du duc d'Orléans (Cachets sur le titre).

884. Voyages dans les Alpes, précédés d'un essai sur l'histoire naturelle des environs de Genève, par Horace Benedict de Saussure. *A Neufchâtel, chez Louis Fauche-Borel*, 1803, 4 vol. in-4, nombr. figures, demi-rel. bas. tr. jasp.

885. Voyage en Italie de M. l'abbé Barthélemy, de l'Académie française, imprimé sur ses lettres originales écrites au comte de Caylus, avec un appendice où se trouvent des morceaux inédits de Winckelmann, du P. Jacquier, de l'abbé Zarillo, seconde édition augmentée d'une notice sur Mme de Choiseul. *A Paris, chez F. Buisson, an X* (1802), in-8, fig. mar. bleu, dent. dos orn. tr. dor.

886. Lettres sur la Sicile et sur l'île de Malthe, de M. le

comte de Borch à M. le C. de N., écrites en 1777, pour servir de supplément au Voyage en Sicile et à Malthe de M. Brydonne. *A Turin chez les frères Reycends*, 1782, 2 vol. in-8, cartes et figures, veau ant. marbr. tr. marbr.

887. Travels in the Two-Siciles, by Henry Swinburne, in the years 1777, 1778, 1779, and 1780. *London*, 1783-1785, 2 vol. in-4, fig. cartes, v. vert, dent. tr. dor. (*Lefèvre*).

888. Voyage en Sicile fait en 1820 et 1821 ; par Auguste de Sayve. *A Paris, chez Arthus Bertrand*, 1822, 3 vol. in-8, carte et figures, veau rac. fil. tr. jasp.

889. Œuvres de Deodat de Dolomieu. Voyage aux Iles de Lipari, ou notices sur les îles Eoliennes suivi d'un mémoire sur les îles Ustica et Pentellaria : pour servir à l'histoire des Volcans. Fait en 1781. Publié en 1783, 2 vol. in-8, br.

Il n'a pas été tiré de titre pour le tome Ier.

Il n'existe que quatre exemplaires de cet ouvrage qui n'a jamais été publié, l'édition ayant été mise au pilon, sauf les 4 exemplaires dont celui-ci fait partie.

890. Voyage littéraire de la Grèce, ou lettres sur les Grecs anciens et modernes, avec un parallèle de leurs mœurs, par M. Guys. *A Paris, chez la veuve Duchesne*, 1783, 4 vol. in-8, frontisp. et figures, v. écaille fil. tr. marbr.

891. Lettres sur la Morée. L'Hellespont et Constantinople par A. L. Castellan. *A. Paris, chez A. Nepveu*, 1820, 3 vol. in-8, figures et cartes, demi-rel. veau vert tr. marbr.

892. Voyage de la Grèce par F. C. H. L. Pouqueville avec cartes, vues et figures. Deuxième édition, revue, corrigée et augmentée. *Paris, chez Firmin Didot père et fils*, 1826-27, 6 vol. in-8, cartes, vues et figures, demi-rel. avec coins, mar. vert, dos orn. fil. têt. dor. n. rog.

893. Voyage dans la Macédoine, contenant des recherches sur l'histoire, la géographie et les antiquités de ce pays, par M. E. M. Cousinéry. *Paris, imprimerie royale*, 1831, 2 vol. in-4, figures, demi-rel. v. fauv. tr. jasp.

894. Herrn Nikolaus Rytschkow, Tagebuch ueber seine Reise durch verschiedene Provinzen des russichen Reichs in den Jahren 1769, 1770 und 1771. Aus dem Russichen uebersetzt von M. Christian Heinrich Hase. *Riga, bey Joch. Fr. Hart Knoch*, 1774, in-8, carte, cart. tr. marb.

895. Travels in Russia the Krimea, the Caucasus and Georgia, by Lyall. *London*, 1825, 2 vol. in-8, demi-rel. v. vert.

896. Recueil de voyages au nord, contenant divers mémoires très utiles au commerce et à la navigation. *A Amsterdam, chez Jean Frédéric Bernard*, 1731-38, 10 vol. in-12 frontisp. cartes v. écaille, tr. r.

897. Histoire des Marins, Pirates et Corsaires de l'Océan et de la Méditerranée, comprenant la conquête de l'Afrique par P. Christian. Ouvrage illustré de gravures sur acier. *Paris, Al. Labitte*, 1860, 4 vol. gr. in-8, figures noires et en couleur, demi-rel. avec coins cuir de Russie fil. tr. marbr.

898. Voyages dans l'Asie Mineure et en Grèce, faits aux dépens de la Société des dilettanti, dans les années 1764, 1765 et 1766 par le docteur Richard Chandler, traduits de l'anglais et accompagnés de notes géographiques, historiques et critiques par M. J. P. Servois et Barbié du Bocage. *A Paris, chez Arthus Bertrand*, 1806, 3 vol. in-8, cartes demi-rel. veau bleu, tr. marbr.

CHRONOLOGIE, HISTOIRE UNIVERSELLE, HISTOIRE ANCIENNE

899. L'art de vérifier les dates des faits historiques, des inscriptions, des chroniques. *Paris, chez Moreau*, 1819-20, 22 vol. in-8, veau rac. dos orn. tr. jasp.

Par un religieux de la congrégation de Saint-Maur. Réimprimé avec des corrections et annotations, et continué jusqu'à nos jours par M. Viton de Saint-Alais.

900. L'Antiquité des tems rétablie et défendue contre les juifs et les nouveaux chronologistes par le P. Paul Pezron. *Paris, chez la veuve d'Edme Martin*, 1687, in-4, veau ant.

901. De veteribus græcorum Romanorumque Cyclis, obiterque de Cyclo Judæorum ætate Christi, dissertationes decem cum tabulis necessariis. Edid. Dodwellus. *Oxoni*, 1701, in-4, vél. blanc.

902. Dionysii Petavii Aurelianensis e societate Jesu de Doctrina Temporum. *Venetiis*, 1757, 3 vol. in-fol. portrait, demi-rel. avec coins cuir de Russie dos orné fil. n. rog.

903. Défense de la chronologie fondée sur les monumens de l'histoire ancienne, contre le système chronologique de M. Newton, par M. Fréret. *A Paris, chez Durand*, 1758, in-4, veau rac. dent. tr. marbr.

904. Spectacle historique ou mémorial chronologique des principaux événements tirés de l'histoire universelle. *Paris*, 1764, 2 vol. in-8, mar. v. fil tr. dor. (*anc. rel.*).

Aux armes de France.

905. Tablettes chronologiques de l'histoire universelle, sacrée et profane ecclésiastique et civile, depuis la création du monde jusqu'à l'année 1808. Ouvrage rédigé d'après celui de l'abbé Lenglet du Fresnoy, par Jean Picot. *A Genève chez Manget et Cherbuliez*, 1808, in-8, 3 vol. in-8, mar. citron, tr. marbr. (*rel. anc.*)

906. Principes de Chronologie pour les temps antérieurs aux Olympiades, par le comte Jean Potocki. *Saint-Péterbourg*, 1810, in-4, mar. r.

Tiré à petit nombre.

907. Discours sur l'histoire universelle, à M. le Dauphin. Pour expliquer la suite de la religion et les changemens des Empires par Messire Jacques Benigne Bossuet. *A Paris, chez Michel Etienne David*, 1732, in-4, portr. de l'auteur v. écail, fil. tr. dor.

908. Histoire universelle par César Cantu, soigneusement remaniée par l'auteur et traduite sous ses yeux par Eugène Aroux. *Paris, chez Firmin Didot frères*, 1843, 19 vol. in-8, demi-rel. veau fauv., tr. jasp.

909. Histoire du monde sacrée et profane. Pour servir d'introduction à l'histoire des Juifs du docteur Prideaux par M. Samuel Shuckford. M. A. Traduit de l'anglois par J. P. Bernard, prêtre de l'églies anglicane. *A Leyde, chez Jean et Herm. Verbeck*, 1738, 3 vol. in-12, mar. r. fil. tr. dor. (*Reliure ancienne*).

910. La Mythologie et les fables expliquées par l'histoire, par M. l'abbé Banier. *A Paris, chez Briasson*, 1738-40, 3 vol. in-4, v. fauv. dos orné, fil. tr. dor.

911. Œuvres complètes de Rollin. Histoire ancienne des Egyptiens, des Carthaginois, des Assyriens, des Babyloniens,

des Mèdes, des Perses, des Macédoniens, des Grecs. *A Paris, chez Jean François Bastien*, 1807, 60 vol. in-8, et atlas in-4, demi-rel. v. rac. tr. jasp.

912. La République des Hébreux, où l'on voit l'origine de ce peuple, ses lois, sa religion, son gouvernement tant ecclésiastique que politique, ses cérémonies, ses coutumes, ses progrez, ses révolutions, sa décadence et enfin sa ruine. — Nouvelle édition, revue corrigée, augmentée de deux volumes, contenant des remarques critiques sur les antiquitez Judaïques, par M. Basnage. Enrichie de figures pour faciliter l'intelligence des matières. *A Amsterdam, chez les frères Chatelain*, 1713, 5 vol. pet. in-8, v. gran. frontispices et figures, dos orn. fil. tr. dor. (*Lefèvre.*)

913. Histoire des Juifs et des peuples voisins, depuis la décadence des royaumes d'Israël et de Juda, jusqu'à la mort de Jésus-Christ par M. Prideaux. Traduite de l'anglois *A Amsterdam et à Leipzic chez Arkstée et Merkus*, 1755, 6 vol. in-12, portr. cartes, mar. vert, tr. dor. (*Reliure ancienne*).

914. Dissertation sur l'étendue de l'ancienne Jérusalem et de son temple, et sur les mesures hébraïques de longueur par M. D'Anville. *A Paris, chez Prault*, 1747, in-8, de 75 p. p. veau, ant, marbr. tr. r.

915. Etudes de l'histoire ancienne et de celle de la Grèce, par Pierre-Charles Levesque. *A Paris, chez Fournier frères*, 1811, 5 vol. in-8, demi-rel. veau viol. tr. marbr. (*Wagner.*)

916. Recherches nouvelles sur l'histoire ancienne par C. F. Volney. *Paris Veuve Courcier*, 1814, 3 vol. in-8, demi-rel. veau fauv. tr. jasp.

917. The Sacred History of the World, by Sharon Turner. *London*, 1832-1837, 3 vol. in-8, v. r. fil. tr. marbr.

918. Histoire du Commerce et de la Navigation des Anciens, par Huet, évêque d'Avranches. *Lyon chez Benoit Duplain*, 1763, gr. in-8, papier fort, mar. bl. fil. tr. dor.

919. Heeren. Ideen ueber die politik der Wœlker der Alten Welt. *Gottingen*, 1824, 3 t. en 6 vol. in-8, v. f. fil. tr. dor.

920. Manuel de l'histoire ancienne, considérée sous le rapport des constitutions, du commerce et des colonies des divers États de l'antiquité. Traduit de l'allemand de A. H. L.

Heeren par Al. Thurot. *Paris, chez Firmin Didot père et fils*, 1827, in-8, demi-rel. veau rose tr. marbr.

921. Choix des historiens grecs, avec notice biographique par J. A. C. Buchon. *Paris, au bureau du Panthéon littéraire*, 1852, gr. in-8, texte à 2 col. demi-rel. avec coins mar. noir tr. peign.

922. Harangues tirées d'Hérodote, de Thucydide, des Histoitoires grecques de Xénophon, de sa retraite des dix mille et de sa Cyropédie. Insérées dans un abrégé des histoires de ces mêmes auteurs, avec des notes sur le texte des Harangues de Thucidide. Traduites par M. l'abbé Auger. *A Paris chez Nyon l'aîné et fils*, 1788. 2 vol. in-4, veau fauv. fil. tr. dor. (*Boyérian.*)

Bel exemplaire en GRAND PAPIER VELIN tiré à petit nombre.

923. Herodoti Halicarnassei historiarum libri IX, Editionem curavit et notas adjecit Wesselingius. *Amst*, 1763, in-fol. v.

924. Histoire d'Hérodote, traduite du grec, avec des remarques historiques et critiques, un essai sur la Chronologie d'Hérodote et une table géographique par M. Larcher. *A Paris, chez Musier*, 1786, 7 vol. in-8, veau granit, dent tr. marbr.

925. Petri Wesselingii dissertatio Herodotea. *Trajecti ad Rhen* 1758, in-8, v. f. fil. à froid, fleurons, tr. dor. (*Ottmann-Duplanie*).

926. Recherches et dissertations sur Hérodote, par M. le Président Bouhier, avec des mémoires sur la vie de l'auteur. *A Dijon, chez Pierre De Saint*, 1746, in-4 veau fauv. fil. dent int, tr. marbr.

927. Skythien und die Skythen des Herodot, und seine Ausleger, nebst Beschreibung des heutigen zustandes jener Länder, von Dr Fr. Lud. Lindner. *Stuttgart*, 1841, in-8, 4 cartes, cart.

928. Thucydidis de Bello Peloponnesiaco libri octo, gr. et lat. Edidit Joannes Hudson. *Oxoniæ*, 1696, in-fol. mar. fil. dent. int. doubl. de moire, tr. dor.

929. Thucydidis de Bello Peloponnesiaco libri octo, gr. Notis illustravit Haackius. *Londini, Valpy*, 1823, 4 vol. in-8, portrait, demi-rel. bas. bleue, tr. marbr.

930. Histoire de la guerre du Péloponnèse, par Thucydide Traduction française, par Ambr. Firmin Didot, avec des observations par M. de Brussy et Ambr. Firmin Didot. *Paris, Firmin Didot frères*, 1833, 4 vol. gr. in-8, demi-rel. avec coins mar. r. ébarb. tête dor.

931. Œuvres complètes de Thucydide et de Xénophon, avec notices biographiques par J. A. C. Buchon. *A Paris, A. Desrez*, 1836, gr. in-8, demi-rel. veau rose, tr. jasp.

932. XENOPHONTIS quæ exstant opera, gr. et lat. *Lutetiæ Parisiorum*, 1625, in-fol. mar. r. dent. tr. dor.

933. Lexicon Xenophonteum, Edid. Sturzius. *Lipsiæ, apud Barth*, 1801, 4 vol. in-8, texte à 2 col. demi-rel. bas. noire.

934. La Cyropédie, ou histoire des Grecs, trad. du Grec de Xenophon, par Dacier. *Paris, Debure*, 1777, 2 vol. in-12 mar. v. fil. tr. dor. (*Petit*).

935. L'expédition de Cyrus dans l'Asie-Mineure, et la retraite des Dix-Mille, traduit par Larcher. *Paris, Debure*, 1778, 2 vol. in-12, pap. de Holl. v. ant. fil.

936. La retraite des Dix-Mille, de Xénophon, ou l'expédition de Cyrus, traduite par Perrot d'Ablancourt. *Amst*, 1758, 2 vol. in-12 mar. vert fil. tr. dor. (*anc. rel.*).

Aux armes de Mesdames de France, filles de Louis XV.

937. Histoire des expéditions d'Alexandre, rédigée sur les mémoires de Ptolémée et d'Aristobule, ses lieutenants, par Flave Arrien de Nicomédie, surnommé le nouveau Xénophon, consul et général romain, disciple d'Epictète. Traduction nouvelle, par P. Chaussard. *Paris, Genets, an XI*, 1802, 3 vol. in-8, et atlas in-8, veau rac. tr. marbr.

938. QUINTI CURTII De rebus gestis Alexandri Magni regis Macedonum libri superstites, curavit Snakenburg, *Delphis*, 1724, 2 vol. in-4, mar. r. tr. dor. (*anc. rel.*)

Exemplaire en grand papier.

939. Q. Curtii de rebus gestis Alexandri Magni libri X. *Parisiis Barbou*, 1757, in-12 fr. gr. d'Eisen, mar. r. fil. tr. dor. (*anc. rel.*).

940. Q. Curtius, cum supplem. Freinshemii, edidit Lemaire. *Parisiis*, 1822, 3 vol. in-8, demi-rel. v. rose.

941. Quinte-Curce de la vie d'Alexandre, avec les suppléments de Jean Freinshemius, en latin, traduit en français par M. Mignot. *A Paris, imprimerie de Monsieur*, 1781, 2 vol. in-8, papier vélin, veau rac. tr. dor.

942. Diodori Siculi Bibliotheca historica gr. et lat., recensuit Wesselingius. *Amstel. Wetstein*, 1746, 2 vol. in-fol. mar. bl. fil. tr. dor. (*Motel*).

943. Bibliothèque historique de Diodore de Sicile, traduite du Grec par A. F. Miot. *Paris, imprimerie royale*, 1824-28, 7 vol. in-8, demi-rel, avec coins mar. r. têtes dor. n. rog.

944. Herodiani historiarum libri VIII, gr. et lat. *Edimbourg*, 1724, pet. in-8, mar. r. fil. tr. dor.

945. Zosimi historiæ, gr. et lat., recensuit Reitemeier. *Lipsiæ*, 1784, in-8 demi-rel. v. ant.

946. Æliani Varia historia, gr. et lat., curante Gronovio. *Lugd Bat*, 1731, in-4 vélin.

947. Histoire des premiers temps de la Grèce, depuis Inachus jusqu'à la chute des Pisistratides, avec des tableaux généalogiques des principales familles de la Grèce, par M. Clavier. *Paris, A. Bobée*, 1822, 3 vol. in-8, veau fauv. jasp. fil. tr. marbr.

948. Henrici Clintonis Fasti Hellenici civiles et litterarias græcorum res ab. Ol. LVme ad CXXIVmam explicantes. Ed. à C. C. Kruegero. *Lipsiæ*, 1830, in-4, demi-rel. bas viol. non rog.

949. Voyage du jeune Anacharsis en Grèce, par l'abbé Barthelémy, avec figures et atlas in-4. *A Paris, chez Etienne Leroux*, 1824-25, 7 vol. in-8 et atlas in-4, portr. et figures, demi-rel. veau brun, tr. marbr. (*Wagner*).

950. Fêtes et courtisanes de la Grèce. Supplément aux voyages d'Anacharsis et d'Antenor. *A Paris, chez les principaux libraires*, 1821, 4 vol. in-8, figures demi-rel. avec coins mar. vert. fil. tr. dor. peigne.

951. Histoire du Bas-Empire, commençant à Constantin le Grand, par Ch. Le Beau, de l'imprimerie de Didot le jeune. *Paris, chez Tenré*, 1819-1820, 13 vol. in-8 demi-rel. veau fauve tr. marbr. (*Bibolet*).

952. Geschichte des Kaiserstthums von Trapezunt, verfasset von Jac. Ph. Fallmerayer. *Munchen*, 1827, in-4, br.

953. De primi abitatori dell' Italia opera postuma del padre Stanislas Bardetti della compagnia di Gesu. *In Modena*, 1769-72, 2 tomes en un vol. in-4, portrait v. f. dos orn. dent tr. dor. (*Petit Simier*).

954. Die Etrusker. Vier Bücher von Carl Otfried Müller. *Breslau*, 1828, 2 vol. in-8, demi rel. c. de R. tr. marbr.

955. Antiqua Historia ex ipsis veterum scriptorum latinorum narrationibus contexta. Edidit Jo God. Eichhorn. *Lipsiæ*, 1811, 2 vol. in-8, demi-rel. v. br. tr. marbr.

956. T. Livii Patavini Historiarum libri qui supersunt omnes. Edit. Kreyssig. *Lipsiæ*, 1823-1827, 4 vol. in-8, br.

957. Histoire romaine de Tite-Live. Traduction nouvelle, par M. Dureau de Lamalle, revue par M. Noël. *A Paris, chez Michaud frères*, 1810-12 15 vol. in-8, veau rac. tr. jasp.

958. Réflexions de Machiavel sur la première décade de Tite-Live. Nouvelle traduction précédée d'un discours préliminaire par M. D. M. M. D. R. à Amsterdam et se trouve à *Paris, chez Alex. Jombert jeune*, 1782, 2 tomes en 1 vol. in-8, demi-rel. veau bleu, tr. marbr.

959. Eutropii breviarum Historia Romana, cum metaphrasi græca Picanii. Ed. Henr. Verheyk. *Lugduni Batavorum, apud Luchtmanns*, 1762, in-8, v. f. fil. tr. dor. (*Rel. anc.*).

960. Velleii Paterculi quæ supersunt ex Historia romana, curante P. Burmanno. *Rotterddami, apud Beman*, 1756, in-8 frontisp. gr. v. f. antiq. fil.

961. Cornelius Nepos, Quinte-Curce, Justin. Valère Maxime, Julius Obsequens. Œuvres complètes avec la traduction en français, publiées sous la direction de M. Nisard. *Paris, J. J. Dubochet, Lechevalier*, 1850, gr. in-8, texte à deux colonnes demi-rel. avec coins chagr. r. tr. peigne.

962. Sexti Aurelii Victoris historia Romana, cum notis curante Arntzenio. *Amst.*, 1733, in-4, vélin.

963. Valerius Maximus cum variorum observ. et nova recensione Thysii. *Lugd. Bat.*, 1655, in-8 mar. r. (*anc. rel.*).

964. Valerii Maximi libri novem factorum dictorumque, cum

notis variorum. *Leidæ*, 1726, in-4, frontisp. gr. v. br. fil. dent. à froid, tr. dor.

965. Valère Maxime, traduit du latin par René Binet. *A Paris, imprimerie de H. J. Jansen, an IV de la république*, 2 tomes en 1 vol. in-8 veau rac. fil. (*Bozerian*).

966. Justini historiæ Philippicæ, cum integris commentariis, curante Gronovio. *Lugd. Bat.*, 1760, 2 vol. in-8 mar bl. dent. tr. dor. (*Bozérian*).

967. Appiani Romanorum historia libri, gr. et lat., ed. Tollius *Amst.*, 1670, 2 vol. in-8 mar. bl. dent. doublé de tabis tr. dor. (*Bozérian*).

968. Caii Crispii Sallustii quæ exstant... Edid. Gottlieb Cortius. *Lipsiæ*, 1724, in-4, v. f. ant. fil.

969. SALLUSTE. Histoire de la République Romaine, trad. par le président de Brosses. *Dijon*, 1777, 3 vol. gr. in-4 chagr. fil. tr. dor.

Bel exemplaire.

970. LA CONJURACION de Catilina y la Guerra de Jugurta, por Cayo Salustio Crispo (traduction espagnole de l'Infant Don Gabriel) *Harra s. d.*, in-fol. mar. br. fil. tr. dor.

Exemplaire sur papier parfaitement blanc.

971. C. Julii Cæsaris de bellis Gallico et Civili Pompejano commentarii, cum notis variorum, cura et studi Fr. Oou-dendorpii. *Lugduni Batavorum et Rotterdami*, 1737, 2 parties en un vol. in-4, frontisp. grav. vél. blanc.

972. Les commentaires de César, trad. nouvelle par M. de Vaudrecourt. *Paris*, 1787, 2 vol. in-8 mar. v. fil. tr. dor. (*anc. rel.*).

973. Suetonius de XII Cæsaribus libri. *Parisiis Cramoisy*, 1610, in-fol. mar. r. (*anc. rel.*)

974. Les douze Césars, traduits du latin de Suétone avec des notes et des réflexions par M. de la Harpe. *A Paris, chez Gabriel Warée, an XIII*, 1805, 2 vol. in-8, portraits veau, rac. fil. tr. marbr.

975. C. Cornelii Taciti opera, recognovit G. Brotier. *Parisiis, Delatour*, 1771, 4 vol. in-4, cartes, v. rac. ant. fil. tr. dor.

976. C. Cornelii Taciti opera. Edidit G. Brotier. *Parisiis*, 1776,

7 vol. in-12, v. br. fil. dent. à froid sur les plats, tr. marbr.

977. Taciti Annales, Cura Ruperti. *Gottingæ*, 1804, in-8 v. f. (*Thouvenin*).

978. Tacite, trad. de quelques ouvrages par de La Bleterie *Paris, Duchesne*, 1755, 2 vol. in-12 mar. v. fil. tr. dor. (*anc. rel.*).

979. Œuvres de Tacite, en latin et en français, avec des notes sur le texte, par La Bletterie, quatrième édition revue et corrigée par J. H. Dotteville. *A Paris, de l'imprimerie de Montauban*, an VIIe, 1799, 7 vol, in-8, veau rac. tr. marbr.

980. Tacite. Nouvelle traduction, par M. J. B. J. R. Dureau de Lamalle. *Paris, chez Giguet et Michaud*, 1808, 5 vol. in-8, veau vert. jasp. fil. dos orn. tr. jasp.

981. Vie de Julius Agrigola par Tacite. Traduction nouvelle par des *** (Renaudé). *A Paris de l'imprimerie d'Ant Bailleul* an V de la Rép. (1797). In-18, mar. vert, fil. tr. dor. (*Reliure ancienne*).

982. Ammiani Marcellini rerum gestarum quæ supersunt *Hamburgi*, 1609. In-4, mar. r. fil. tr. dor. (*anc. rel.*)

983. Ammiani Marcellini quæ supersunt, ed. Wagner. *Lipsiæ*, 1808. 3 vol. in-8, d. rel. mar. v., n. rogn.

984. Ammien Marcelin, ou les dix-huit livres de son histoire qui nous sont restés. *Berlin, chez Georges Jacques Decker*, 1775, 3 vol. in-12, port., veau, écaille, fil. tr. dor.

985. Pauli Orosii Historiarum libri septem..... Edidit Havercampus. *Lugduni Batavorum*, 1767. In-4, fig. v., marbr. ant. dent. sur les plats, tr. marbr.

986. Historia Gotthorum, Vandalorum, et Langobardorum ab Hugone Grotio. *Amstelodami, apud Lud. Elzevirium*, 1655. In-8, frontisp. gr. vél. blanc.

987. La République romaine ou plan général de l'ancien gouvernement de Rome par M. de Beaufort. *A Paris chez Saillant*, 1767, 6 vol. in-12, v. ant. marbr.

988. Histoire critique de la république romaine, par Pierre Charles Levesque. *Paris Dentu*, 1807, 3 vol. in-8, demi-rel. veau viol., tr. marbr.

989. Histoire des révolutions de la république romaine par l'abbé de Vertot. *A Paris chez Louis Janet*, 1819, 5 vol. in-8, demi-rel. v. brun, tr. marbr. (*Bibolet*).

990. Voyage de Polyclète, ou lettres romaines, par le baron Alexandre de Théis. *A Paris chez Maradan*, 1822, 2 vol. in-8, demi-rel. veau fauv., tr. marbr. (*Bibolet*).

991. Nouvel Abrégé chronologique de l'histoire des empereurs. *Paris chez David le jeune*, 1853-54, 2 vol. in-8, mar. r., dos orn. fil. tr. dor. (*reliure ancienne*).

992. Histoire de la chute de l'Empire Romain et du déclin de la civilisation de l'an 250 à l'an 1000, par J. C. L. Simonde de Sismondi. *A Paris chez Treuttel et Würtz*, 1835, 2 vol. in-8, demi-rel. veau bleu, tr. marbr.

993. Histoire de la décadence et de la chute de l'empire romain, traduit de l'anglais d'Edouard Gibbon par M. F. Guizot. *A Paris chez Lefevre*, 1819, 13 vol. in-8, demi-rel. veau brun, tr. marbr. (*Bibolet*).

994. De l'Abolition de l'Esclavage ancien en Occident par Edouard Biot. *Paris chez Jules Renouard*, 1840. In-8, demi-rel. veau viol., tr. jasp.

995. Histoire de l'esclavage dans l'antiquité ; par H. Wallon. *Paris, Dezobry, E. Magdeleine*, 1847, 3 vol. in-8, demi-rel. cuir de R., avec coins, tr. peign.
Bel exemplaire.

HISTOIRE MODERNE — HISTOIRE DE FRANCE

996. L'Europe au moyen âge, traduit de l'anglais de M. Henry Hallam, par A. Borghers et P. Dudouit. *Paris Ladrange*, 1837, 4 vol. in-8, demi-rel. veau brun, tr. marbr.

997. Histoire générale du moyen âge par C. O. Des Michels. *Paris, chez Louis Colas*, 1835-37. 2 vol. in-8, demi-rel. veau vert, tr. jasp.

998. Abrégé de l'histoire générale des temps modernes, depuis la prise de Constantinople par les Turcs (1453) jusqu'à la mort de Louis XIV (1715) par F. Ragon. *Paris Louis Colas*, 1829. 2 vol. in-8, demi-rel. veau brun, tr. marbr.

999. Essais historique, politique et moral sur les révolutions anciennes et modernes considérées dans leurs rapports avec la Révolution Française, par le vicomte de Chateaubriand. *Paris P. Pourrat frères*, 1839. 2 tomes en 1 vol. in-8, portr., demi-rel. veau vert, tr. marb.

1000. Manuel historique du système politique des Etats de l'Europe, et de leurs colonies, depuis la découverte des deux Indes, par M. Heeren. *Paris chez Barrois l'aîné*, 1821. In-8, demi-rel. veau rose, tr. marbr. (*Wagner*).

1001. Tableau des révolutions de l'Europe, depuis le bouleversement de l'empire romain en Occident jusqu'à nos jours ; par feu M. Kock. Nouvelle édition, corrigée, augmentée et continuée jusqu'à la restauration de la maison de Bourbon. *Paris, librairie de Gide fils*, 1823. 3 vol. in-8, demi-rel. veau viol. tr. marbr. (*Wagner*).

1002. Tableau des révolutions du système politique de l'Europe, depuis la fin du xve siècle, par Frédéric Ancillon. *Paris, Ancelin et Pochard*, 1823. 4 vol. in-8, demi-rel. v. fauv., tr. marbr. (*Bibolet*).

1003. Histoire générale de la civilisation en Europe depuis la chute de l'empire romain jusqu'à la Révolution française, par M. Guizot. *Paris Didier*, 1840. In-8, portr. demi-rel. veau brun tr. marbr.

1004. Joannis Picardi Toutreriani de Prisca Celtopædia libri quinque. *Parisiis*, 1556. In-4, v. f., fil. dent, int. tr. dor. (*A. Closs*).

1005. La France avant César, par le Marin de Tyr. 2 cahiers in-4. — Archéologie Celto-Romaine, par J. B. Leclère. *Paris*, 1843 (1re *et* 2e *parties*) In-4, d. rel., 10 planches.

1006. Origines Gauloises, celles des plus anciens peuples de l'Europe, puisées dans leur vraie source, ou Recherches sur la langue, l'origine et les antiquités des Celto-Bretons de l'Armorique, pour servir à l'histoire ancienne et moderne de ce peuple, et à celle des Français, par La Tour-d'Auvergne-Corret, premier grenadier de la République Française. *A Hambourg, chez P. F. Fauche*, 1801. In-8, demi-rel. veau brun, tr. jasp.

1007. Notice de l'ancienne Gaule, tirée des monuments romains, par M. d'Anville. *A Paris chez Desaint et Saillant*, 1760. In-4, cart., tr. marbr.

1008. Précis historique de l'ancienne Gaule ou recherches sur l'état des Gaules avant les conquêtes de César ; par Théophile Berlier. *Bruxelles, imprimerie Hayez frères*, 1822. In-8, demi-rel. v. fauv., tr. marbr.

1009. Description historique et géographique de la France ancienne et moderne par M. l'abbé de Longuerue, seconde partie. *A Paris chez Jacques-Henry Pralard*, 1719. In-fol. cartes v. fauv. (*armoiries sur les plats*).

1010. Abrégé chronologique de l'histoire de France depuis Clovis, jusqu'à la mort de Louis XIV par le Président Hénault, continué jusqu'aux événements de 1830. *Paris*, 1836. Gr. in-8, texte à 2 colonnes demi-rel. veau bleu, tr. marbr.

1011. Mémoires historiques et critiques sur divers points de l'histoire de France, et sur plusieurs autres sujets curieux par François Eudes de Mezeray. *A Amsterdam chez Jean Frédéric Bernard*, 1753. 2 tomes en 1 vol. in-12, v. ant. marbr., tr. marbr.

1012. Observations sur l'histoire de France, par l'abbé de Mably ; nouvelle édition, revue par M. Guizot. *A Paris chez J. L. J. Brière*, 1823. 3 vol. in-8, demi-rel. veau rose, tr. marbr.

1013. Précis de l'histoire des Français par J. C. L. Simonde de Sismondi. *A Paris chez Treuttel et Würtz*, 1839-44. 3 vol. in-8, demi-rel. veau rose, tr. marbr.

1014. Histoire de France jusqu'au XVIe siècle par J. Michelet. *Paris L. Hachette*, 1852. 6 vol in-8, br.

1015. Histoire des Français des divers Etats aux cinq derniers siècles par Amans-Alexis Monteil. *Paris, Janet et Cotelle*, 1828-44. 10 vol. in-8, demi-rel. v. bleu, tr. marbr.

1016. Histoire complète des Etats-Généraux et autres assemblées représentatives de la France depuis 1302 jusqu'en 1626, par M. A. Boullée, *Paris Langlois et Leclercq*, 1845. 2 vol. in-8, demi-rel. v. fauv. r. tr. jasp.

1017. France pittoresque ou description pittoresque topographique et statistique des départements et colonies de la

France, par A. Hugo. *A Paris chez Delloye*, 1835. 3 vol. gr. in-8, texte à deux colonnes nombr. cartes et figures, demi-rel. v. fauv., tr. jasp.

1018. Bulletin de la Société de l'histoire de France. *A Paris chez Jules Renouard*, 1835-56. 12 vol. in-8, demi-rel. les 4 premiers v. vert, tr. marbr., et les 8 autres v. bleu,, tr. jasp. ; les deux dernières années br.

1019. Annuaires historiques pour les années de 1837 à 1856. Publiés par la Société de l'Histoire de France. *Paris Jules Renouard*, 1836-1855. 20 vol. petit in-12 br.

1020. Chronique latine de Guillaume de Nangis de 1113 à 1300, avec les continuations de cette chronique de 1300 à 1368. Nouvelle édition, revue sur les manuscrits, annotée et publiée pour la Société de l'histoire de France, par H. Géraud. *A Paris chez Jules Renouard*, 1843. 2 vol. in-8, br.

1021. Œuvres complètes d'Eginhard, réunies pour la première fois et traduites en français avec les notes nécessaires à l'intelligence du texte, les variantes des différents manuscrits et une table générale des matières, par A. Teulet. *A Paris chez Jules Renouard*, 1840-1843. 2 vol. in-8, br.

1022. Vie de saint Louis, roi de France, par Le Nain de Tillemont, publiée pour la Société de l'Histoire de France, d'après le manuscrit inédit de la bibliothèque royale, et accompagnée de notes et d'éclaircissements, par J. de Gaulle. *Paris chez Jules Renouard*, 1847-51. 6 vol. in-8 br.

1023. Mémoires historiques sur les Templiers, par Ph. G***. (Grouvelle). *Paris Buisson, An XIII*. — 1805. In-8, portrait, demi-rel. bas. f.

1024. Monumens historiques, relatifs à la condamnation des chevaliers du Temple, et à l'abolition de leur ordre, par M. Raynouard. *Paris de l'imprimerie d'Adrien Egron*, 1813. In-8, demi-rel. v. brun, tr. marbr.

1025. Richer, histoire de son temps, texte reproduit d'après l'édition originale donnée par G. H. Pertz, avec traduction française, notice et commentaire par J. Guadet. *A Paris chez Jules Renouard*, 1845. 2 vol. in-8 br.

1026. Historiæ Francorum ab anno Christi DCCCC, ad annum

M. CCCC. LXXXV scriptores veteres XI, etc. *Francoforti*, 1596. — Rerum Moscoviticarum auctores varii unum in corpus nunc primum congesti. *Francofurti*, 1600. — 2 ouvrages en un vol. in-fol., cartes, fig., vél. blanc.

1027. Procès de condamnation et de réhabilitation de Jeanne d'Arc, dite la Pucelle, publiées pour la première fois d'après les manuscrits de la bibliothèque royale, suivis de tous les documents historiques qu'on a pu réunir, et accompagnés de notes et d'éclaircissements par Jules Quicherat. *A Paris chez Jules Renouard*, 1841-49. 5 vol. in-8 br.

1028. Histoire des règnes de Charles VII et de Louis XI, par Thomas Basin, évêque de Lisieux jusqu'ici attribuée à Amelgard, rendue à son véritable auteur et publiée pour la première fois avec les autres ouvrages historiques du même écrivain pour la Société de l'histoire de France, par J. Quicherat. *A Paris chez Jules Renouard*, 1855. In-8 br. Tome Ier.

1029. Mémoires de Philippe de Commynes. Nouvelle édition, revue sur les manuscrits de la bibliothèque royale, et publiée avec annotations et éclaircissements par Mlle Dupont. *A Paris chez Jules Renouard*, 1840-47. 3 vol. in-8 br.

1030. Lettres de Marguerite d'Angoulème, sœur de François Ier, reine de Navarre. Publiées d'après les manuscrits de la bibliothèque du roi, par F. Génin. *A Paris chez Jules Renouard*, 1841. In-8. br.

De la collection de la *Société de l'Histoire de France*.

1031. Nouvelles Lettres de la reine de Navarre adressées au roi Francois Ier son frère. Publiées d'après le manuscrit de la bibliothèque du roi, par F. Génin. *A. Paris chez Jules Renouard*, 1842. In-8 br.

De la collection de la *Société de l'Histoire de France*.

1032. Satyre Menippée de la vertu du catholicon d'Espagne et de la tenue des estats de Paris ; augmentée de notes tirées des éditions de Du Puy et de Le Duchat, par V. Verger ; et d'un commentaire historique, littéraire et philologique, par Ch. Nodier. *A Paris chez N. Delangle*, 1824. 2 vol. gr. in-8, figures de Dévéria sur Chine, demi-rel. avec coins cuir de R., tête jasp. ébarb. (*Bibolet*).

1033. Mémoires et Lettres de Marguerite de Valois. Nouvelle

édition revue sur les manuscrits des bibliothèques du roi et de l'Arsenal, et publiées par M. F. Guessard. *A Paris chez Jules Renouard*, 1842. In-8 br.

1034. Abrégé de l'histoire universelle de J. A. de Thou, avec des remarques sur le texte de cet auteur, et sur la traduction qu'on a publiée de son ouvrage en 1734, par M. Rémond de Sainte-Albine. *A La Haye*, 1759. 10 vol. in-12, v. ant., gran. tr. jasp.

1035. Mémoire du cardinal de Retz de Gui Joli, et de la duchesse de Nemours; contenant ce qui s'est passé de remarquable en France pendant les premières années du règne de Louis XIV. *Paris, Furne*, 1828. 5 vol. in-8, demi-rel. v. vert tr., marbr. (*Wagner*).

1036. Choix de Mazarinades publié pour la Société de l'histoire de France, par C. Moreau. *A Paris, chez Jules Renouard*, 1853. 2 vol. in-8, br.

1037. Le Sacre et couronnement de Louis XIV, roy de France et de Navarre, dans l'église de Reims, le septième juin 1654. *A Paris, chez Jean Michel Garnier*, 1720. In-12, frontisp. v. ant.

1038. Mémoires du comte de Colligny-Saligny et mémoires du marquis de Villette, publiés pour la Société de l'Histoire de France, par M. Monmerqué. *A Paris, chez Jules Renouard*, 1841. In-8 br.

1039. Nouveaux mémoires de M. Nodot, ou observations qu'il a faites pendant son voyage d'Italie, sur les monuments de l'ancienne et de la nouvelle Rome, avec les descriptions exactes des uns et des autres, qui font connoître comment l'Église chrétienne a triomphé du paganisme. *A Amsterdam, chez Zacharie Chastelain le fils*, 1706. 2 vol. in-12, frontisp. mar. r., filets tr. dor. (*Ancienne reliure*).

1040. Mémoires de Daniel de Cosnac, archevêque d'Aix, conseiller du roi en ses conseils, commandeur de l'ordre du Saint-Esprit, publiés pour la Société de l'Histoire de France, par le comte Jules de Cosnac. *A Paris, chez Jules Renouard*, 1852. 2 vol. in-8 br.

1041. Histoire de la régence et de la minorité de Louis XV jusqu'au ministère du cardinal de Fleury, par P. E. Lemontey. *Paris, Paulin*, 1832. 2 vol, in-8, demi-rel. veau viol., tr. marbr.

1042. Journal historique et anecdotique du règne de Louis XV, par E. J. F. Barbier, avocat au parlement de Paris. Publié pour la Société de l'Histoire de France, d'après le manuscrit inédit de la bibliothèque royale, par A. de La Villegille. *A Paris, chez Jules Renouard*, 1847-1856. 4 vol. in-8 br.

1043. État de la Maréchaussée au 1er janvier 1780. *A Paris, de l'imprimerie royale*, 1780. In-8 de 71 pages, veau marbr., fil., tr. jasp.

1044. État militaire de France pour l'année 1783, par M. de Roussel. *A Paris, chez Onfroy*, 1783. In-12, veau ant.

1045. Histoire du règne de Louis XVI, pendant les années où l'on pouvait prévenir ou diriger la révolution française, par Joseph Droz. *Paris, Jules Renouard*, 1839-42. 3 vol. in-8, demi-rel. avec coins, mar. bleu, tr. marbr. (*Bibolet*).

1046. Histoire de France depuis la fin du règne de Louis XVI jusqu'à l'année 1825. Précédée d'un discours préliminaire et d'une introduction historique sur la monarchie française et les causes qui ont amené la révolution, par l'abbé de Montgaillard. Ouvrage faisant suite à toutes les histoires de France publiées jusqu'à ce jour. *Paris, Moutardier*, 1827-29. 11 vol. in-8, portraits, demi-rel. veau viol., tr. marbr. (*Wagner*).

1047. Louis XVII, sa vie, son agonie, sa mort; captivité de la famille royale au Temple. Ouvrage enrichi d'autographes, de portraits et de plans; par M. A. de Beauchesne. *Paris, Plon frères*, 1852. 2 vol. in-8, port. et autogr. br.

1048. Mémoires de P. L. Hanet-Clery, ancien valet de chambre de madame Royale aujourd'hui dauphine, et frère de Cléry, dernier valet de chambre de Louis XVI, 1776-1823, avec les portraits des deux frères lithographiés par Morin. *Paris, à la librairie d'Alexis Eymery*, 1825. 2 vol. in-8, portr. br.

1049. Histoire de Napoléon, par M. de Norvins, ornée de portraits, vignettes, cartes et plans. *Paris, Ambroise Dupont*, 1827-28. 4 vol. in-8, portraits et figures, demi-rel. v. rose, tr. marbr. (*Wagner*).

1050. Napoléon, ses opinions et jugemens sur les hommes et

sur les choses. Recueillis par ordre alphabétique avec une introduction et des notes, par M. Damas Hinard. *Paris, Dufèy*, 1838. 2 vol. in-8, demi-rel. veau rose, tr. marbr.

1051. Histoire des négociations politiques relatives aux traités de Mortfontaine, de Lunéville et d'Amiens, pour faire suite aux Mémoires du roi Joseph. Précédée de la correspondance inédite de l'empereur Napoléon Ier avec le cardinal Fesch, publié par A. du Casse. *Paris, E. Dentu*, 1855. 3 vol. in-8 br.

1052. Mémoires et correspondance politique et militaire du roi Joseph, publiés, annotés et mis en ordre par A. du Casse. *Paris, Perrotin*, 1853-54. 10 vol. in-8 br.

1053. Révolution française. — Histoire de dix ans, 1830-40, par M. Louis Blanc. *Paris, Pagnerre*, 1842-44. 5 vol. in-8 br.

HISTOIRE DE PARIS ET DES PROVINCES

1054. Les Antiqvitez Chroniqves et Singvlaritez de Paris, ville capitale du Royaume de France avec les fondations et bastimens des lieux : les sepulchres et épitaphes des Princes, princesses et autres personnes illustres, par G. Corrozet. *Paris, Gilles Corrozet*, 1561. In-8, veau ant., tr. dor.

Le titre et le premier feuillet remmargés.

1055. Dissertation sur les Parisii ou Parisiens, et sur le culte d'Isis chez les Gaulois, par J. N. Déal. *Paris, chez Firmin Didot père et fils*, 1826. In-8 br.

1056. Entrées de Marie d'Angleterre, femme de Louis XII, à Abbeville et à Paris. Publiées et annotées par Hipp. Cocheris *Paris, Aug. Aubry*, 1859. In-8 de 34 pages, figures, demi rel. avec coins mar. r., ébarb.

Tiré à petit nombre.

1057. Journal d'un bourgeois de Paris, sous le règne de François Ier (1515-1536). Publié pour la Société de l'Histoire de France, d'après un manuscrit inédit de la bibliothèque impériale, par Ludovic Lalanne. *A Paris, chez Jules Renouard*, 1854. In-8 br.

1058. Registres de l'Hôtel-de-Ville de Paris pendant la Fronde, suivis d'une relation de ce qui s'est passé dans la ville et l'abbaye de Saint-Denis à la même époque. Publiés pour la Société de l'Histoire de France, par MM. Leroux et Lincy et Douët-d'Arcq. *A Paris, chez Jules Renouard*, 1846-1848. 3 vol. in-8 br.

1059. La ville de Paris, contenant le nom de ses rues, de ses faubourgs, Eglises, Monastères et Chapelles, Collèges; le temps de leur fondation et autres particularitez historiques, ses places, ponts, portes, fontaines, palais et hôtels, avec leurs aboutissans. *A Paris, chez Antoine Raffle*, 1689. In-12, parch. antiq.

1060. Description nouvelle de la ville de Paris et recherches des singularitez les plus remarquables qui se trouvent à présent dans cette grande ville. Cinquième édition augmentée avec un nouveau plan et des figures par Germain Brice. *A Paris, chez Augustin Brunet*, 1706, 2 vol. in-12, figures, demi-rel. bas.

1061. Les Curiositez de Paris, de Versailles, de Marly, de Vincennes, de Saint-Cloud et des environs, avec les antiquitez justes et précises sur chaque sujet, et les adresses pour trouver facilement tout ce que ces lieux renferment d'agréable et d'utile. Ouvrage enrichi d'un grand nombre de figures en taille-douce par M. L. R. *A Paris, chez Saugrain père*, 1742. 2 vol. in-12, nombr. figures, v. ant. marbr.

1062. Projet des embellissemens de la ville et fauxbourgs de Paris, par M. Poncet de la Grave. *A Paris, chez Duchesne*, 1756. 3 parties en 1 vol. in-12, v. ant. marbr., fil., tr. dor.

Le texte n'est imprimé que sur le recto des pages.

1063. Voyage pittoresque de Paris ou indication de tout ce qu'il y a de plus beau dans cette grande ville, en peinture, sculpture et architecture, par M. D*** (Dargenville). *A Paris, chez De Bure*, 1757. In-12, figures, v. ant.

1064. Voyage pittoresque de Paris ou indication de tout ce qu'il y a de plus beau dans cette ville, en peinture, sculpture et architecture, par M. D*** (Ant. Nic. Dezallier d'Argenville fils). *A Paris, chez les frères De Bure*, 1778. In-12, frontisp. v. ant.

1065. Description historique de la ville de Paris et de ses environs, par feu M. Piganiol de La Force. Nouvelle édition, revue, corrigée et considérablement augmentée, avec des figures en taille-douce. *A Paris, chez les libraires associés*, 1765. 10 vol. in-12, v. ant. marbr.

1066. Dictionnaire historique de la ville de Paris et de ses environs, par Hurtaut. *A Paris, chez Moutard*, 1779. 4 vol. in-8, cartes, v. ant. marbr.

1067. Paris et ses curiosités avec une notice historique et descriptive des environs de Paris. Nouvelle édition, entièrement refondue et considérablement augmentée. *A Paris, chez Marchand, an XII*, 1804. 2 vol. in-12, fig. cart. toile, n. rogn.

1068. Miroir historique, politique et critique de l'ancien et du nouveau Paris et du département de la Seine. Troisième édition ornée de figures, par L. Prudhomme. *Paris*, 1807. 6 vol. in-18, cartes et figures, v. olive, dent. à froid sur les plats, fil., tr. marbr.

1069. Dictionnaire topographique, étymologique et historique des rues de Paris, accompagné d'un plan par J. de La Tynna. *A Paris, chez J. de La Tynna*, 1812. In-12, plans, v. fauv. dent. à froid, fil., tr. peigne. (*Petit*).

1070. Histoire physique, civile et morale de Paris, depuis les premiers temps historiques jusqu'à nos jours, par J. A. Dulaure. *Paris, Guillaume*, 1823-24. 10 vol. in-8, figures, demi-rel., veau br., tr. marbr. (*Bibolet*).

1071. Paris illustré. Nouveau guide de l'étranger et des Parisiens, par Adolphe Joannes, contenant 414 vignettes dessinées sur bois. — Paris, son histoire, ses monuments, ses musées, ses établissements divers, son administration, son commerce et ses plaisirs. Nouveau guide des voyageurs accompagné de 18 plans. — Les environs de Paris, illustrés, par Adolphe Joannes. Nouvelle édition contenant 245 vignettes dessinées d'après nature, et une carte des environs de Paris. *Paris, Hachette*, 1854-67-68. 3 vol. in-12, nombr. figures, cart. tr. jasp.

1072. Dictionnaire administratif et historique des rues et monuments de Paris, par Félix Lazare et Louis Lazare. *Paris, au bureau de la Revue municipale*, 1855. In-4, texte à 2 col. demi-rel. avec coins chagr. bleu, tête jasp. ébarb.

1073. Notice sur l'Hôtel-de-Ville de Paris, par A. Fr. *A Paris*, *chez tous les libraires*, 1855. In-12, demi-rel. mar. la Vall. tr. jasp.

1074. Itinéraire archéologique de Paris, par M. F. de Guilhermy, illustré de gravures. *Paris*, *Bance*, 1855. In-12, figures, demi-rel. mar. r., tr. peign.

1075. Dictionnaire historique et topographique de Paris, par J. A. L. *Paris*, *Leleux*, *s. d.* In-8, figures, demi-rel. mar. bleu, ébarb.

Ouvrage attribué à Letronne.

1076. Histoire de Paris, depuis le temps des Gaulois jusqu'à nos jours, par Théophile Lavallée. *Paris. Michel Lévy frères*, 1857. 2 vol. in-12, demi-rel. avec coins cuir de R., tête dor. ébarb.

1077. Énigmes des rues de Paris, par Édouard Fournier. *Paris*, *E. Dentu*, 1860. In-12, demi-rel. mar. r., tr. marbr.

Cachet de colportage sur le titre.

1078. Histoire du Pont-Neuf, par Edouard Fournier. *Paris*, *E. Dentu*, 1862. 2 vol. in-12, demi-rel. avec coins, mar. r. tête dor. ébarb.

1079. Chroniques et légendes des rues de Paris, par Edouard Fournier. *Paris*, *E. Dentu*, 1864. In-12, demi-rel. avec coins cuir de R., tr. peign.

1080. Les travaux de Paris, examen critique, par Ferdinand de Lasteyrie. *Paris*, *Michel Lévy frères*, 1861. In-12, demi-rel. avec coins, fil. tête dor. ébarb.

1081. Le Chatelet de Paris, son organisation, ses privilèges, prévost, conseillers, chevaliers du guet, notaires, procureurs, etc. (1060-1862), par Charles Desmaze. *Paris*, *Didier*, 1863. In-8, demi-rel. veau fauv., ébarb.

1082. Curiosités de la cité de Paris. Histoire étymologique de ses rues, nouvelles, anciennes ou supprimées. Recherches archéologiques sur les antiquités, monuments et maisons remarquables, par Ferdinand Heuzey. *Paris*, *E. Dentu*, 1864. In-12, figures, demi-rel. veau fauv., ébarbé.

1083. Histoire anecdotique des barrières de Paris, par Alfred Delvau, avec 10 eaux-fortes par Emile Thérond. *Paris*, *E. Dentu*, 1865. In-12, vignettes, demi-rel. avec coins tête dor., ébarb.

1084. Histoire de Montmartre, état physique de la butte, ses chroniques, son abbaye, sa chapelle du martyre, sa paroisse, son église et son calvaire, Clignancourt, par D. J. F. Cheronnet. Revue et publiée par M. l'abbé Ottin. *A Paris, chez Breteau et Pichery*, 1843. — Notice historique et topographique du Mont Saint-Michel et de Tombelaine et d'Avranches, par M. L. Blondel. *A Avanches A. Tribouillard*, 1823. Ensemble, 2 ouvrages en 1 vol. in-12, demi-rel. v. vert, n. rog.

1085. Histoire générale de Paris. Les anciennes bibliothèques de Paris, églises, monastères, collèges, etc., par Alfred Franklin, de la bibliothèque Mazarine. *Paris, imprimerie impériale*, 1867. In-4, papier vélin, figures, cart.

Tome premier.

1086. Voyage pittoresque des environs de Paris ou description des maisons royales, châteaux et autres lieux de plaisance, situés à quinze lieues aux environs de cette ville. *A Paris, chez de Bure l'aîné*, 1755. In-12, frontisp. veau ant., tr. r.

1087. Mes voyages aux environs de Paris, par J. Delort. *A Paris, chez Picard Dubois*, 1821. 2 vol. in-8, figures, demi-rel. avec coins, cuir de R., dos orn. fil., tr. marbr.

1088. Le Château de La Malmaison, histoire, description, catalogue des objets exposés sous les auspices de Sa Majesté l'Impératrice, par M. de Lescure. *Paris Henri Plon, s. d.* In-12, figures, br.

1089. Histoire et description naturelle de la commune de Meudon, par le docteur L. Eugène Robert. *Paris, Paulin*, 1843. In-8, demi-rel. avec coins mar. r., dos orn. fil., tr. marbr.

1090. Nouvelle description des chasteaux et parcs de Versailles et de Marly, contenant une explication historique de toutes les peintures, tableaux, statues, vases et ornements qui s'y voient, leurs dimensions et les noms des peintres, des sculpteurs et des graveurs qui les ont faites, avec les plans de ces deux maisons royales. *A Paris, chez Florentin Delaulne*, 1707. In-12, fig., plans, veau tan.

1091. Nouvelle description des châteaux et parcs de Versailles et de Marly, contenant une explication historique de toutes les peintures, tableaux, statues, etc. Enrichie de plusieurs figures en taille-douce, par Piganiol de la Force. *A Paris, chez la veuve Delaulne*, 1738. 2 vol. in-12, figures, v. ant. gran.

1092. Les ruines de Port-Royal des Champs, en 1809, année séculaire de la destruction de ce monastère, par M. Grégoire, ancien évêque de Blois. *Paris, chez Levacher*, 1809. in-8, demi-rel. v. bleu tr. marbr.

1093. Essais historiques sur la ville d'Etampes, avec des planches, des notes et des pièces justificatives, par Maxime de Mont-Rond. Étampes, Fortin, 1836-37. 2 tomes en 1 vol. in-8 figures demi-rel. mar. la vall.; tr. jasp. (*Léon de Laborde*).

1094. Recherches historiques, archéologiques et biographiques, sur la ville de Pontoise, par l'abbé Tron. Ouvrage enrichi de planches ou vignettes, *Pontoise, imprimerie de Duffey*, 1841. In-8 figures demi-rel. mar. La Vall., tr. jasp.

1095. Le Château de Maisons, son histoire et celle des principaux personnages qui l'ont possédé, par Henri Nicolle. *Paris. Ledoyen*, 1858. Gr. in-8, figures, demi-rel. mar. bleu. n. rog.

1096. Histoire de la ville de Chartres, du pays Chartrain et de la Beauce, par M. Doyen. *A Chartres et se trouve à Paris, chez Regnault*, 1786. 2 vol. in-8, veau fauv., filets dos orn. dent. int. tr. dor.

1097. Histoire de Chartres, par E. de Lépinois. *Chartres, Garnier*, 1854-58. 2 vol. gr. in-8, figures demi-rel. mar. r. tr. peign.

1098. Histoire de la ville de Rouen, capitale du pays et duché de Normandie, depuis sa fondation jusqu'en l'année 1774. suivie d'un essai sur la Normandie littéraire, par M. S*** (Ant. Nic. Servin). *A Rouen, chez Le Boucher*, 1775. 2 vol. in-12, v. ant. marbr.

1099. Recherches historiques et archéloogiques sur l'église de Brou, par J. Baux, archiviste du département de l'Ain. *Paris. Techner, s. d.* 2 parties en un vol. in 8, figures demi-rel. avec coins mar. La Vall., tr. peign.

1100. Histoire des ducs de Normandie et des rois d'Angleterre, publiée en entier pour la première fois, d'après deux manuscrits de la bibliothèque du roi, suivie de la relation du tournoi de Ham, par Sarrazin, trouvère du XIIIe siècle, et précédée d'une introduction par Francisque Michel. *A Paris, chez Jules Renouard,* 1840. In-8 br.

1101. Archives du château de Chenonceau. — Diane de Poitiers, au conseil du roi. Épisode de l'histoire de Chenonceau sous François Ier et Henry II, 1535-1556. Publié pour la première fois d'après les originaux avec une introduction, par M. l'abbé C. Chevalier. *Paris, chez Auguste Aubry.* 1866. In-8 demi-rel., avec coins, mar. r., fil. tête dor., n. rog.

1102. Archives royales de Chenonceau. Deptes et créanciers de la Royne, mère de Catherine de Médicis, 1689-1506 Documents publiés pour la première fois, d'après les archives de Chenonceau, avec une introduction par M. l'abbé C. Chevalier. *Paris, J. Techner,* 1862. In-8 demi-rel., avec coins, mar. La Vallière, tête dor. ébarb.

1103. Histoire de Nantes, par M. A. Guépin, docteur médecin, seconde édition avec dessins de M. Hawke et deux plans. *Nantes, Prosper Sebire,* 1839. Gr. in-8 nombr. figures demi-rel. avec coins cuir de R. dos orn. fil. tr. peign.

1104. Chroniques d'Anjou, recueillies et publiées pour la société de l'Histoire de France, par MM. Paul Marchegay et André Salmon. *A Paris, chez Jules Renouard,* 1856. In-8 br.
Tome Ier.

1105. Histoire des comtes du Perche, de la famille des Rotrou, de 943 à 1231, c'est-à-dire jusqu'à la réunion de cette province à la commune de France, d'après les chroniques, les manuscrits, etc., par M. O. des Murs. *Nogent-le-Rotrou, imprimerie de A. Gouverneur,* 1856. In-8 figures, br.

1106. Cruels effets de la vengeance du cardinal de Richelieu, ou histoire des diables de Loudun, de la possession des religieuses Ursulines, et de la condamnation et du supplice d'Urbain Grandier, curé de la même ville. *A Amsterdam, chez Etienne Roger,* 1716. In-12, frontispice gravé, r. ant.

1107. Charte de commune en langue romaine, pour la ville de Gréalou en Quercy, publiée avec sa traduction française, par M. Champollion Figeac. *Paris, imprimerie de Firmin Didot,* 1829. In-8, demi-rel. veau fauv.

1108. Voyage pittoresque et historique à Lyon, aux environs et sur la rive de la Saône et du Rhône, par M. F.M. Fortis, *Paris, chez Bossange frères*, 1821-22. 2 vol. in-8, demi-rel., veau viol. non rogn.

1109. Histoire de Nancy, ville-vieille et ville-neuve, par Henri Lepage. *Nancy, Mlle Gonet*, 1838. In-8, carte demi-rel. v. fauv., tr. peign.

1110. Marseille ancienne et moderne, par M. Guys. *A Paris, chez la Ve Duchesne*, 1786. In-8, veau vert, jasp. tr. jas.

HISTOIRE ÉTRANGÈRE

1111. Origini Italiche o siano memorie Istorico-Etrusche sopra l'Antichissimo regno d'Italia, e sopra i di lei primo Abitatori nei secoli piu remoti di M. Mario Guarnaca. *Lucca*, 1767-1772. 3 vol. in-fol, fig. vél. blanc.

1112. Monumenti inediti a illustrazione della storia degli Antichi popoli Italiani dichiarati de Giuseppe Micali. *Firenze*, 1844. In-8, cart. non rog.

1113. Histoire des Républiques Italiennes du moyen âge, par J. C. L. Simonde Sismondi. *A Paris, chez H. Nicolle*, 1809-18. 15 vol. in-8, demi-rel. bas. n., tr. j.

1114. Antica topografia istorica del regno di Napoli dell' abate Ronsanelli. *Napoli*, 1815. 3 vol. in-4 vélin.

1115. Saint-Réal. Conjuration des Espagnols contre la République de Venise. *A Paris, Renouard*, 1795. In-4, gr. pap. mar. r. fil. tr. dor.

1116. Histoire de Cent ans, de 1750 à 1850 (histoire, science, littérature, beaux-arts), par César Cantu, traduit de l'Italien, avec notes et observations, par Amédée René, *Paris, librairie de Firmin Didot frères*, 1852. 4 vol. in-12 br.

1117. Essai historique sur la puissance temporelle des Papes et sur l'abus qu'ils ont fait de leur ministère spirituel (par Daunou). *A Paris, au bureau du Censeur Européen*, 1818. 2 vol. in-8, demi-rel. v. bleu, dos. orn. tr. jasp.

1118. Histoire de la naissance de la liberté en Italie, de ses progrès, de sa décadence et de sa chute; par J. C. L. Simonde de Sismondi. *A Paris, chez Treuttel et Würtz*, 1832. 2 tomes en 1 vol. in-8, demi-rel. v. brun, tr. marbr.

1119. Bibliotheca scriptorum qui res in Silicia gestas sub Aragonum imperio retulere. Edidit Rosarius Gregorio. *Parnormi*. 1791-1792. 2 vol. in-fol. br.

Exemplaire en grand papier.

1120. Sicile, par M. de La Salle, *Paris, Didot*, 1835. In-8, texte à deux col. fig.; demi-rel. chagr., r. avec coins, filets, tête dorée, ébarbé.

1121. Malta Illustrata ou vero descrizione di Malta Isola del mare Siciliano e Adriatico,..... del commandatore F. Giovan Francesco Abela, etc... *In Malta*, 1772-1780. 2 vol. in-fol. frontisp. portrait, cartes, fig. demi-rel., v. marbr. ant.

1122. Histoire de la conquête d'Angleterre, par les Normands, de ses causes et de ses suites jusqu'à nos jours, en Angleterre, en Écosse, en Irlande et sur le continent, par Augustin Thierry. *Paris, A. Sautelet*, 1826. 4 vol. in-8, et un atlas, in-4 oblong, demi-rel. veau rose, tr. marbr. (*Bibolet*).

1123. Histoire de l'Angleterre depuis l'invasion de Jules César, jusqu'à la révolution de 1688, par David Hume et depuis cette époque jusqu'en 1760, par Smollett. Traduite de l'anglais. Nouvelle édition, revue, corrigée et précédée d'un essai sur la vie et les écrits de D. Hume, par M. Campenon. *A Paris, chez Janet et Cottelle*, 1819-22. 22 vol. in-8, demi-rel. cuir de R., tr. marbr. (*Bibolet*).

1124. L'Angleterre ou description historique et topographique du Royaume-Uni de la Grande-Bretagne, par M. G. B. Depping. *A Paris, chez Etienne Ledoux*, 1824. 6 vol. in-12, cartes et figures, demi-rel. veau fauv. tr. marbr.

1125. Le courtisan sous Charles II, par Mad. Gore, trad. de l'anglais. *Paris*, 1841. In-8, mar. bl. fil tr. dor. (*Petit*).

1126. Histoire de l'Allemagne, depuis les temps les plus reculés, jusqu'à l'année 1838, par Kohlrausch. Traduit de l'allemand, par A. Guinefolle. *Paris, Debrécourt*, 1838. 2 vol. in-8, demi-rel. v. rose, tr. marbr.

1127. Le Guide d'Amsterdam, avec la description de tout ce qu'il y a de plus intéressant. *A Amsterdam, chez J. Covens et fils*, 1793. In-8, carte et figures demi-rel. bas.

1128. Anales de la Nacion Espanola desde el tiempo mes remote hosta la extrada de los Romanos...... por Don Luis Jos. Velazquez. *En Malaga*, 1759. In-4, bas. rac. ant.

1129. Grèce, par M. Pouqueville. *Paris, Firmin Didot frères*, 1835. In-8 texte à 2 colonnes, figures, demi-rel. avec coins mar. r. tête dor. ébarb.

1130. La Grèce pittoresque et historique, ancienne et moderne, par le Dr C. Wordsworth, traduction de M. E. Regnault, illustrée de nombreuses gravures sur bois. *Paris, L. Curmer*, 1841. Gr. in-8 figures demi-rel., veau rose, tr. marbr.

1131. Histoire de la régénération de la Grèce, comprenant le précis des événements depuis 1740, jusqu'en 1824, par F.C. H. L. Pouqueville. *Paris, chez Firmin Didot et fils*, 1825. 4 vol. in-8, figures demi-rel,.veau viol. tr. jasp.

1132. Histoire de l'Empire de Russie, sous Pierre le Grand, divisée en 2 parties, par Voltaire. *De l'imprimerie de la société littéraire typographique*, 1785. Gr. in-8, portr. de Pierre Ier, mar. vert., fil. tr. dor. (*Reliure ancienne*).

Tome XXIV des œuvres complètes de Voltaire, édition de Kehl. GRAND PAPIER.

1133. La Romanie, ou histoire, langue, littérature, orographe, statistique des peuples de la langue d'or. Ardialiens, Valaques et Moldaves, résumés sous le nom de Romans, par J. A. Vaillant. *Paris, Arthur Bertrand*, 1844. 3 vol. in-8 demi-rel., v. rose, tr. jasp.

1134. Histoire de Scanderbeg, roy d'Albanie, par le R. P. Duponcet. *A Paris, chez Jean Mariette*, 1719. In-12, veau fauv. antiq., tr. r.

1135. Untersuchungen über die Verschiedenheiten der Menschennaturen in Asien und den Südlandern, in den Ostindischen and Südsee inseln, etc....., von C. Meiners. *Tübingen*, 1811-1815. 3 vol. in-8, cart.

ARCHÉOLOGIE

1136. Bulletin des sciences, historiques, antiquités, philologie. Septième section ou Bulletin universel des sciences et de l'industrie, publiée sous la direction de M. le baron de Ferusac. *A Paris, chez MM. Treuttel et Würtz*, 1824 à 1831. 19 vol. in-8, demi-rel. veau brun, tr. jas.

1137. Joannis Schefferi Argentoratensis de re vehiculari veterum libri duo. *Francfourti*, 1671. In-4, frontisp. grav. fig. v. f. ant. tr. marbr.

1138. Recherches sur l'époque de l'équitation et de l'usage des chars équestres chez les anciens : où l'on montre l'incertitude des premiers temps historiques des peuples relativement à cette date, par le R. P. Gabriel Fabricy. *A Marseille, chez Jean Mossy*, 1764. 2 tomes en 1 vol. in-8, fig. veau ant.

1139. Considérations générales sur l'évaluation des monnaies grecques et romaines, et sur la valeur de l'or et de l'argent avant la découverte de l'Amérique, par M. Letronne. *A Paris, Firmin Didot*, 1817. — Mémoire sur la valeur des monnaies de compte chez les peuples de l'antiquité, par M. le comte Germain Garnier. *Paris, V° Agasse*, 1817. — Second mémoire par le même. *Paris, V° Agasse*, 1817. Ens. 3 ouvrages en 1 vol. in-4, v. gr. dent., tr. marbr.

1140. Notice sur les Nuraghes de la Sardaigne, considérés dans leurs rapports avec les résultats des recherches sur les monuments Cyclopéens ou Pélasgiques, par M. Q. C. F. Petit-Radel. *A Paris, chez Delaforest*, 1826. In-8 figures, demi-rel. bas. non rog.

1141. Mémoire sur l'ancien Tauroentum, ou recherches archéologiques, topographiques et historiques sur cette colonie Phocéenne, par l'abbé Magl. Giraud. *Toulon, imprimerie d'E. Aurel*, 1853. In-8, carte, br.

1142. Boettiger's Kleine Schriften. *Dresden*, 1838. 3 vol. in-8, d.-rel., c. de R.

1143. Becker. Charicles. Zur Genaueren Kenntnist des Griechischen privatlebens. *Leipzig*, 1840. 2 vol. in-8, demi-rel., mar. bl.

1144. Manners and Customs of the Greeks translated from the german of Th. Panofka. *London*, 1849. In-4, fig. en couleurs, cartonné.

1145. Histoire de la condition des femmes chez les peuples de l'antiquité, par L. A. Martin. *Paris, chez Ebrard*, 1839. In-8, portrait, br.

1146. Bader (Mademoiselle). La femme grecque, étude de la vie antique. *Paris, Didier*, 1872. 2 vol. in-8, chag. r., tr. dor.

1147. Recherches historiques sur le luxe chez les Athéniens, depuis les temps les plus anciens, jusqu'à la mort de Philippe de Macédoine. Mémoire traduit de l'allemand de Chr. Meiners, par C. S. T. *Paris, Adrien Egron*, 1823. In-8, demi-rel. veau vert, tr. marbr.

1148. Della lingua de' primi abitatori dell'Italia, opera del padre Stan. Bardetti. *Modena*, 1772. In-4, demi-rel.

1149. Henrici Kipingii Antiquitatum Romanarum libri quatuor *Lugduni Batavorum*, 1713. In-8, frontisp.. gran. fig., v. ant., dent., tr. marbr.

1150. Johannis Rosini Antiquitatum Romanarum corpus absolutissimum, cum notis Th. Dempsteri et variorum. *Amstelodami*, 1743. In-4, frontisp. grav., fig., demi-rel. bas. r.

1151. Lexicon Antiquitatum Romanorum. Auctore Sam. Pitisco. *Hagæ-Conoitum*, 1637. 3 vol. in-fol., fig., vél. blanc.

1152. Rituum Romanorum tabulae. Edidit Jer. Jac. Oberlinus. *Argentorati*, 1784. In-8, v. br., fil. dent. à froid sur les plats, dent. int. tr. dor. (*Rel. moderne*).

1153. Sabine ou Matinée d'une dame romaine à sa toilette, à la fin du premier siècle de l'ère chrétienne, pour servir à l'histoire de la vie privée des Romains et à l'intelligence des auteurs anciens. Traduit de l'allemand par C. A. Boettiger. *A Paris, chez Maradan*, 1813. In-8 frontisp., figures, veau écaille, fil., tr. marbr.

1154. Antiquités gauloises et romaines recueillies dans les jardins du palais du Sénat pour servir à l'histoire des antiquités de Paris. Précédées de recherches sur cette grande capitale, sur le palais du Sénat, ses dépendances et ses environs par C. M. Grivaud. *Paris, chez François Buisson*, 1807. In-4, figures, demi-rel. veau vert, n. rog.

1155. Description d'une voie romaine découverte à Lyon, dans le quartier du jardin des plantes, en octobre 1854, par E. C. Martin-Daussigny. *Lyon, imprimerie de F. Du-*

moulin, 1855-56. In-8, plan et figures, demi-rel. avec coins, mar. r., n. rog.

1156. Mémoires de l'Académie celtique ou recherches sur les antiquités celtiques, gauloises et françaises publiées par l'académie celtique, dédiés à Sa Majesté l'impératrice et reine. *Paris, Dentu*, 1807-10. 6 tomes en 5 vol. in-8 demi-rel. bas., tr. marbr.

1157. Essai sur les antiquités du département du Morbihan par J. Mahé. *Vannes, Galles aîné*, 1825. In-8 br.

1158. Delle Antiche Syracuse, da Bonanni e Colonna, Duca di Montalbano. *In Palermo*, 1717. 2 vol. in-fol. portrait, fig. cartes, v. granit ant.

1159. A description of the collection of ancient marbles in the British Museum, with engravings. *London*, 1812-1830. 6 tomes en 2 vol. in-4, planches, demi-rel. v. br.

1160. L'Obélisque de Luxor. Histoire de sa translation à Paris, suivie d'un extrait de l'ouvrage de Fontana, sur la translation de l'obélisque du Vatican par M. A. Lebas. *Paris, Cariliant Goeury et Ve Dalmont*, 1839. In-4, 15 planches, cart. ébarb.

HISTOIRE LITTÉRAIRE

1161. Réflexions sur les ouvrages de littérature. *A Paris, chez Briasson*, 1742-49. 12 tomes en 6 vol. in-12, v. marbr., fil., tr. jasp.

Exemplaire de Boissonnade.

1162. Principes de la littérature par M. l'abbé Batteux. *A Paris, chez Saillant et Nyon*, 1774. 5 vol. in-8, veau fauv., fil., tr. dor. (*Bozerian*).

Bel exemplaire.

1163. Geschichte der Litteratur, von ihrem Anfang bis auf neuesten Zeiten, von Johann Gottfried Eichhorn. *Gottingen*, 1805-1812. 5 tomes en 10 vol. in-8, v. br. dent. à froid, tr. peign. (*Petit*).

Piqûres de vers sur les reliures.

1164. **Madame de Stael-Holstein. De la littérature considérée dans ses rapports avec les institutions sociales.** *Paris, Crapelet s. d.* **2 vol. in-8, mar. bl., dos orné, fil., tr. dor.** (*Bozerian*).
Joli exemplaire provenant de la Bibliothèque de G. DE PIXÉRÉCOURT.

1165. **Cours de littérature ancienne et moderne par J. F. La-Harpe.** *Paris, chez P. Dupont,* **1826, 18 vol. in-8, demi-rel. veau fauv., tr. marbr.**

1166. Histoire abrégée de la littérature grecque, depuis son origine jusqu'à la prise de Constantinople par les Turcs; par F. Schœll. *A Paris, chez F. Schœll,* 1813. 2 vol. in-8, demi-rel. veau r. tr. jasp.

1167. Histoire littéraire des Grecs pendant le moyen âge; ouvrage traduit de l'anglais de Joseph Berington, par A. M. H. Boulard. *A Paris, chez Debausseaux.* 1822. — Histoire littéraire des Arabes ou des Sarrazins pendant le moyen âge, traduite de l'anglais de Joseph Berington par le même. *Paris, Debausseaux,* 1823. Ensemb. 2 ouvr. en 1 vol. in-8, dem. rel. v. bleu. tr. marb.

1168. Otf. Muller's Geschichte der Griechischen literatur. *Breslau,* 1857. 2 vol. in-8, d.-rel. mar. vert.

1169. Histoire abrégée de la littérature romaine par F. Schœll. *A Paris, chez Gide fils,* 1815. 4 tomes en 2 vol. in-8 demi-rel., bas. vert, dos orn., tr. marbr.

1170. Histoire littéraire des huit premiers siècles de l'ère chrétienne, depuis Auguste jusqu'à Charlemagne. Traduite de l'anglais de J. Berington. *A Paris, chez Delaunay,* 1814, in-8 demi-rel. veau viol., tr. marbr.

1171. Scriptorum Ecclesiasticorum Historia litteraria. Autore Guilielmo Cave. *Oxonii,* 1740-1745. 2 vol. in-fol. v., marbr. ant.

1172. S. Hieronymi Catalogus Scriptorum ecclesiasticorum, cum notis variorum. *Francofurti et Lipsiæ, s. d.* In-4, demi-rel., mar. viol., tr. marbr.

1173. Histoire de la littérature de l'Europe pendant les XVe, XVIe, XVIIe siècles, traduit de l'anglais de Henri Hallam par Alphonse Borghers. *Paris, Ladrange,* 1839-40. 4 vol. in-8, demi-rel. veau rose, tr. marb.

1174. Histoire de la littérature française depuis ses origines jusqu'à la révolution, par Eug. Geruzez. *Paris, Didier*, 1861. 2 vol. in-8 br.

1175. Cours de littérature française par M. Villemain. *Paris, Didier*, 1841, 6 vol. in-8, demi-rel. veau r., tr. marbr.

Tableau de la littérature au moyen âge en France, en Italie, en Espagne et en Angleterre. 2 vol. — Tableau de la littérature au XVIIIe siècle 4 vol.

1176. De l'état de la poésie Françoise dans les XIIe et XIIIe siècles par B. de Roquefort-Flaméricourt. *Paris, Fournier* 1815. In-8, cart., tr. jasp.

1177. Essai sur la poésie et les poètes Français aux XIIe, XIIIe et XIVe siècles, par M. Benoiston de Chateauneuf. *A Paris, chez Moreaux*, 1815. in-8, cart., tr. jasp.

1178. Histoire littéraire de la France au XIVe siècle. — Discours sur l'état des lettres par Victor Le Clerc. — Discours sur l'état des beaux-arts par Ernest Renan. *Paris, Michel Lévy frères*, 1865. 2 vol. gr. in-8, demi-rel., v. fauv., ébarb.

1179. Bibliothèque françoise ou histoire de la littérature françoise par l'abbé Guizet. *A Paris, chez Pierre Jean Mariette*, 1740-1756. 18 vol. in-12, v. ant. gr.

1180. Dictionnaire historique, littéraire et bibliographique des Françaises et des étrangères naturalisées en France, par madame Fortunée B. Briquet. *Paris, imprimerie de Gille, an XII*-1804. In-8, veau brun, dent. à froid, tr. marbr. (*Ducastin*).

1181. Tableau historique de l'état et des progrès de la littérature française depuis 1789, par Marie Joseph de Chénier. *A Paris, chez Maradan*, 1816. In-8, demi-rel. chag. vert, avec coins, bl. dos orn. tr. jasp.

1182. Bibliothèque angloise ou histoire littéraire de la Grande Bretagne par M. D. L. R. (*Michel de La Roche*). *A Amsterdam chez la veuve de Paul Marret*, 1717. 15 vol. pet. in-12, veau ant.

1183. Histoire de la littérature anglaise par H. Taine. *Paris, librairie de L. Hachette*, 1863. 4 vol. in-8 br.

1184. Histoire de la littérature allemande, d'après la cinquième édition de Heinsius, par MM. Henry et Apffef, avec une préface de M. Matter. *Paris, Brockhaus et Avenarius*, 1839. In-8, dem.-rel. veau fauv., tr. peign. (*Simier*).

1185. Histoire de la littérature allemande par G. A. Heinrich. *Paris, A. Franck*, 1870-73. 3 vol. in-8 br.

1186. Histoire de la littérature espagnole, traduite de l'allemand de M. Bouterwek par le traducteur des lettres de Jean Muller) *A Paris, chez Renard*, 1812. 2 tomes en 1 vol. in-8, notes manuscrites sur les marges, demi-rel. v. vert, avec coins, dos orné, ébarb.

1187. Tableau de la littérature du nord au moyen âge, en Allemagne et en Angleterre, en Scandinavie et en Slavonie, par F. G. Eichhoff. *Paris, Didier*, 1857. In-8 br.

1188. Monumens de la Mythologie et de la poésie des Celtes et particulièrement des anciens scandinaves, pour servir de supplément et de preuves à l'introduction à l'histoire de Danemarc par M. Mallet. *A Copenhague, chez Claude Philibert*, 1756, 2 tomes en un vol. in-4, demi-rel. bas.

1189. Almindeligt Litteratur lexicon for Danmark, Norge og Island. Ved R. Nyerup og J. E. Kraft. *Kjobenhavn*, 1819-1820. In-4 cart.

1190. Histoire de l'université de Paris, depuis son origine jusqu'en l'année 1600, par M. Crevier. *A Paris, chez Desaint et Saillant*, 1761. 7 vol. in-12, veau ant., tr. marbr.

1191. Histoire de l'Académie française par Pélisson et d'Olivet avec une introduction, des éclaircissements et notes par M. Ch. L. Livet. *Paris Didier*, 1858. 2 vol. in-8, demi-rel. cuir de R. avec coins tr. peign. (*Petit*).

1192. L'ancienne Académie des sciences par L. F. Alfred Maury. *Paris, Didier*, 1864. In-12, demi-rel. cuir de R., avec coins, tr. jasp.

1193. L'ancienne Académie des inscriptions et belles-lettres par L. F. Alfred Maury. *Paris, Didier*, 1864. In-12, demi-rel. cuir de R. avec coins tr. jasp.

1194. Projet de diviser en sections l'Académie des inscriptions et belles-lettres, présenté à cette Académie en 1829, par M. Letronne. *Paris, Firmin Didot frères*, 1834. In-8, de 33 pages. — Rapport adressé à M. le ministre de l'instruction publique sur le chauffage des salles de la Bibliothèque royale destinées à l'étude, par M. Letronne. *Paris, Paul*

Dupont, 1840. In-8 de 8 pages. Ensemb. 2 ouvrages en 1 vol. in-8 dem.-rel. v. fauv. avec coins tr. jasp.

1195. Polydori Vergilii de rerum inventoribus. *Amst., Elzevir*, 1671. In-12, titre gravé v. ant. (*rel. angl.*)

1196. Le Vieux-neuf. Histoire ancienne des inventions et découvertes modernes, par Edouard Fournier. *Paris, E. Dentu*, 1859. 2 vol. in-12 br.

1197. Gottfrieds von Strasburg Werke aus den bessten Handschriften mit Einleitung und Woerterbuch, herausgegeben durch F H. von der Hagen, *Breslau*, 1823. 2 vol. in-8, figure, demi-rel. v. bleu., tr. peign.

BIOGRAPHIE

1198. Biographie universelle ancienne et moderne, ou histoire par ordre alphabétique de la vie publique et privée de tous les hommes qui se sont fait remarquer par leurs écrits, leurs actions, leurs talents, leurs vertus ou leurs crimes, ouvrage entièrement neuf, rédigé par une société de gens de lettres et de savants. *Paris, chez Michaud frères*, 1811-1849. 82 vol. in-8, demi-rel. veau brun, tr. marbr.

1199. Dictionnaire historique et critique de Pierre Bayle. Nouvelle édition augmentée de notes extraites de Chaufepié, Joly, La Monnoie, etc. *Paris, Desoer*. 1820, 16 vol. in-8, demi-rel. veau brun., tr. marbr. (*Bibolet*).
Bel exemplaire.

1200. Dictionnaire historique ou mémoires critiques et littéraires concernant la vie et les ouvrages de divers personnages distingués, particulièrement dans la République, des lettres par Prosper Marchand. *A La Haye, chez Pierre de Hondt*, 1758. 2 tomes en 1 vol. in-fol., v. écail, fil.

1201. Dictionnaire historique, littéraire et critique, contenant une idée abrégée de la vie et des ouvrages des hommes illustres en tout genre, de tout tems et de tout pays. Rédigé et publié par l'abbé B. Barral, aidé des PP. Eustache Guibaud et Joseph Valle, oratoriens. *S. L.*, 1758-59. 6 vol. in-8, mar. vert, fil. tr. dor. (*Reliure ancienne*).

1202. Vies de plusieurs personnages célèbres des temps anciens et modernes, par C. A. Walckenaer. *Laon, typographie de Melleville*, 1830, 2 vol. in-8, demi-rel. v. bleu tr. marbr.

1203. Les vies des hommes illustres grecs et romains, comparées l'une avec l'autre, par Plutarque de Chæronée. Translatées par M. Jacques Amyot. Enrichie en cette dernière édition d'amples sommaires sur chaque vie, d'annotations morales en marge qui montrent le profit qu'on peut faire en la lecture de ces histoires, *par Guillaume de Laimarie, S. L.*, 1594. Fort vol. in-fol., v. écail., fil.

Mouillures.

1204. Les vies des hommes illustres de Plutarque, revues sur mss. et traduites en français, etc., par M. Dacier. *Amsterdam*, 1724-1735. 10 vol. in-12, frontisp. gr. portr. v. f. ant.

1205. Les vies des hommes illustres de Plutarque, traduites du grec, par Amyot, grand aumônier de France, avec des notes et des observations, par MM. Brottier et Vauvilliers. *A Paris, imprimerie De Cussac*, an IX (1801-1805). 25 vol. in-8, frontisp. et figures, veau vert jasp., fil., tr. jaune jasp.

1206. Dictionary of Greek and Roman biography and mythology, edited by William Smith. *London*, 1853-1856. 3 vol. in-8, texte à 2 colon., fig. sur bois, cart. toile.

1207. Cornelius Nepos, de vita excellentium Imperatorum. Ex recognitione Steph. And. Philippe. *Lutetiæ Parisiorum*, 1745, in-12, frontisp. grav. portr. mar. r., fil., tr. dor. (*Rel. anc.*).

1208. Histoire de Cicéron, tirée de ses écrits et des monumens de son siècle, avec les preuves et des éclaircissemens, traduite de l'anglais par l'abbé Prévost. *A Amsterdam, et se trouve à Paris*, rue et hôtel Serpente, 1784-85. 4 vol. in-8, v. rac., fil.

1209. Joh. Rud. Thorbecke commentatio de C. Asinii Pollionis vita et studiis doctrinæ. *Lugduni Batavorum*, 1820. In-8, demi-rel. mar. r. avec coins, fil., tête dor., ébarb. (*Petit*).

1210. Histoire de Dante Alighieri, par le chevalier Artaud de Moutor. *Paris, Leclerc*, 1841, gr. in-8, portrait, v. bl., fil., tr. dor.

Exemplaire en grand papier de Hollande.

1211. J. Boccatii di Certaldo, insigne opus de claris mulieribus. *Bernæ*, 1539. In-fol. figures v. f. (*Anc. rel.*).

1212. Machiavel, son génie et ses erreurs, par A. F. Artaud. *Paris, Firmin Didot frères*, 1833. 2 vol. in-8, port. demi-rel. cuir de R. avec coins, fil., dos orn., dor. en tête, ébarb.

1213. Histoire de la maison de Rochechouart, par le général comte de Rochechouart (Louis-Victor-Léon). *Paris, Emile Allard*, 1859. 2 tomes en 1 vol. in-4, papier vélin, portraits gravés et planches de blasons en couleur, br.

1214. Mémoires de Mathieu Molé, procureur général, premier président au parlement de Paris et garde des sceaux de France. Publiés pour la Société de l'Histoire de France, par Aimé Champollion-Figeac. *A Paris, chez Jules Renouard*, 1855. 2 vol. in-8, br.

1215. Histoire de la vie et des ouvrages du chancelier d'Aguesseau, précédée d'un discours sur le ministère public, suivie d'un choix de pensées et maximes tirées des ouvrages de d'Aguesseau, et d'une notice historique sur Henri d'Aguesseau, père du chancelier, par A. Boullée. *Paris, chez Desenne*, 1835. 2 vol. in-8, portr. demi-rel. veau vert, tr. marbr.

1216. Les Confessions de J.-J. Rousseau, suivies des rêveries du promeneur solitaire. *A Genève*, 1782. 2 vol. in-8, demi-rel. bas. tr. r.

Première Édition.

1217. Biographie. — Notices sur M. Poivre et sur M. Dupont de Nemours, par M. Boullée, 1835. — Notice sur Rochon, par M. de la Roquette. — Notice sur Pigneau de Behaine (par le même). — Notice sur l'abbé de Dienne, missionnaire apostolique à Tong-King, par l'abbé Laboudrie. — Zoega, par Jules Guigniant. — Notice sur le baron Sylvestre de Sacy, par M. Reinaud. — Notice sur la vie et les ouvrages de M. Langlès. — Notice biographique sur M. Klaproth. — Notice historique sur M. A.-J. Saint-Martin, par M. Brossette. — Notice sur la vie et les ouvrages de M. Champollion le Jeune, par le baron Sylvestre de Sacy, etc., environ 10 pièces réunies en 1 vol. in-8, demi-rel., avec coins mar. vert, dos orn., fil. tr. jasp.

La plupart de ces notices sont extraites de la *Biographie universelle*.

1218. Notices sur J.-A. Letronne. *Paris, Leleu*, 1849, gr. in-8, chagr. noir, tr. dor., portrait.

BIBLIOGRAPHIE

1219. Origine de l'imprimerie d'après les titres authentiques, par P. Lambinet. *Paris, H. Nicolle*, 1810. 2 vol. in-8, demi-rel. bas. tr. jasp.

1220. Johnson's typographia, including an account of the origin of printing. *London*, 1824, 2 vol. in-18, demi-rel. mar. r. fig.

1221. Falkenstein. Geschichte der Buchdruckerkunst. *Leizig*; 1840. gr. in-4, cart.

Nombreux fac-simile d'anciennes impressions.

1222. Eclaircissements sur l'Histoire de l'invention de l'imprimerie, par A. de Vries, traduit du hollandais, par Noorziek. *La Haye*, 1843. — Arguments des Allemands en faveur de leur prétention à l'invention de l'imprimerie, par A. de Vries, traduit du hollandais, par Noordzieck. *La Haye*, 1845, 2 ouvrages en 1 vol. in-8, demi-rel. mar. br. tr. marbr.

Lettre autogr. de M. A. de Vries à M. le vicomte Léon de Laborde.

1223. Essai sur la typographie, par M. Ambroise Firmin Didot. (Extrait du tome XXVIe de l'Encyclopédie moderne). *Paris, Firmin Didot, frères*, 1851, in-8, figures, demi-rel. cuir de R. avec coins fil. tr. peign.

1224. Manuel typographique, par Fournier. *Paris, Barbou*, 1764. 2 vol. in-12, mar. v., fil. tr. dor. (*Rel. angl.*).

1225. Les caractères de l'imprimerie, par Fournier le jeune. *A Paris*, 1764. In-12, veau marbr. tr. r.

1226. Traité élémentaire de l'imprimerie ou le manuel de l'imprimeur, avec 36 planches en taille douce, par Ant. Franc. Momoro. *A Paris, chez veuve Tilliard et fils*, 1796, in-8, veau écaille, fil. tr. jasp.

1227. Épreuves des caractères français, employés à l'imprimerie impériale à l'usage des protes et correcteurs. *S. L.*, 1810. In-8 de 91 pages, cart.

1228. Traité des plus belles bibliothèques de l'Europe. Des premiers livres qui ont été faits. De l'invention de l'imprimerie. Des imprimeurs. De plusieurs livres qui ont été perdus et recouvrez par les soins des sçavans. Avec une méthode pour dresser une bibliothèque. *A Paris, chez Estienne Michallet*, 1680. In-12, v. ant.

1229. Essai historique sur la bibliothèque du roi et sur chacun des dépôts qui la composent, avec la description des bâtimens et des objets les plus curieux à voir dans ces différens dépôts. *A Paris, chez Belin*, 1782. In-24, veau ant. tr. marbr.

1230. Recherches sur les bibliothèques anciennes et modernes, jusqu'à la fondation de la bibliothèque Mazarine, et sur les causes qui ont favorisé l'accroissement successif du nombre des livres, par Louis Charles François Petit Radel. *A Paris, chez Rey et Gravier*, 1819. In-8, portraits, demi-cart. tr. jasp.

1231. Histoire de la Bibliothèque Mazarine, depuis sa fondation jusqu'à nos jours, par Alfred Franklin. *Paris, chez Auguste Aubry*, 1860. In-8, demi-rel., mar. vert, tr. peign.

1232. Notices historiques sur les bibliothèques anciennes et modernes, suivies d'un tableau comparatif des produits de la presse de 1812 à 1825, et d'un recueil de lois et ordonnances concernant les bibliothèques, par I. L. A. Bailly. *Paris, Rousselon*, 1828. In-8, demi-rel. veau fauv. tr. jasp.

1233. Photii Bibliotheca, græcè et latinè. Edidit David Hœschelius. *Rothomagi*, 1653. In-fol., v. rac. ant.

1234. Bibliotheca Coisliniana olim Leגueriana, opera Bernardi de Montfaucon. *Parisiis*, 1715. In-fol., v., br.

1235. Montfaucon. Bibliotheca bibliothecarum manuscriptorum nova. *Parisiis*, 1739. 2 vol. in-fol., v. br.

1236. T. H. Horne. An introduction to the study of bibliography. *London*, 1814. 2 tomes en 1 vol. in-8, v. f. *fac-simile.*

1236 *bis.* Traité du choix des livres, par Gabriel Peignot. *Paris, chez Antoine-Augustin Renouard*, 1817. In-8, demi-rel., veau bleu tr. marbr.

1237. Manuel du bibliothécaire, accompagné de notes critiques, historiques et littéraires, par M. P. Namur. *Bruxelles, chez J. B. Tircher*, 1834. In-8, v. fauv., tr. marb.

1239. Manuel du bibliophile ou traité du choix des livres, par Gabriel Peignot. *A Dijon, chez Victor Lagier*, 1823. 2 vol. in-8 veau brun, tr. jasp. (*Kœhler*).

1240. Manuel du Libraire et de l'amateur de livres, contenant un nouveau dictionnaire bibliographique, une table en forme de catalogue raisonnée par Jacques Charles Brunet. *A Paris, chez Silvestre*, 1842-44. 5 vol. gr. in-8, texte à 2 col. demi-rel., v. brun, tr. jasp.

1241. Dictionnaire bibliographique, choisi du xve siècle, ou description par ordre alphabétique des éditions les plus rares et les plus recherchées du xve siècle, par M. de La Serna Santander. *A Bruxelles, J. Tarte*, an XIII, 1805-1807, 3 vol. in-8, demi-rel. cuir de R., n. rog.

1242. La France littéraire au xve siècle, ou catalogue raisonné des ouvrages en tout genre, imprimés en langue française jusqu'à l'an 1500, par Gustave Brunet. *Paris, librairie A. Franck*, 1865. In-8 demi-rel. avec coins cuir de R. tête dor. n. rog.

1243. Dibdin. An introduction to the Knowledge of rare and Valuable editions of the greck and latin Classics. *London*, 1827. 2 vol. in-8 cartonnés.

1244. Hoffman. Lexicon bibliographicum editionum scriptorum Græcorum. *Lipsiæ*. 1832, 3 vol. in-8 demi-rel. mar. vert.

1245. Jo. Alberti Fabricii Bibliotheca græca. *Hamburgi*, 1708-28, 15 tomes en 7 vol. in-4, frontisp. gr. portr. vél. blanc.

1246. Jo. Alberti Fabricii Bibliographia Antiquaria... Studio et opera Gaull Schaffshausen. *Hamburgi*, 1760, 2 vol. in-4, figure demi-rel., mar. br., tr. marbr.

1247. Répertoire de littérature ancienne, par Schœll. *Paris, Schœll*, 1808. 2 vol. gr. in-8, pap. vélin, mar. v. fil. tr. dor. *(Petit)*.

1248. Bibliotheca Sacra in binos syllabos distincta... Edid. Jacob. Le Long. *Parisiis*, 1723. 2 vol. in-fol., demi-rel. chagr. r.

1249. Bibliographie des Mazarinades, publiée pour la société de l'Histoire de France, par C. Moreau. *A Paris, chez Jules Renouard*, 1850-51. 3 vol. in-8 br.

1250. Revue de bibliographie analytique, ou compte-rendu des ouvrages scientifiques et de haute littérature, publiés en France et à l'étranger par MM. Miller et Aubenas, année 1840 à 1845. *Paris, Marc Aurel*, 1840-45. 12 vol. in-8, demi-rel. veau fauv., tr. marbr.

1251. Haym. Bibliotheca Italiana, o sia Notizia de libri rari nella lingua Italiana. *Venezia*, 1728. In-4, mar. r. ,fil. tr. dor. (*Petit*).

1252. Bibliographica. Recueil de divers ouvrages réunis en un vol. in-8, demi-rel., v. f., tr. jas.

Notice de quelques ouvrages de littérature indienne, publiés en Bengale. — Essai sur la langue et la littérature chinoise. — Voyages en Turcomanie et à Khiva, fait en 1819-1820, par M. N. Mouravief. — Etc.

1253. Catalogue des manuscrits de la bibliothèque de défunt Monseigneur le Chancelier Seguier. *A Paris, chez Franc Le Cointre*, 1686. In-12 veau ant.

1254. Bibliotheca Schultensiana. *Lugd. Bat.*, 1784. In-8, v. f. (*Petit*).

1255. Catalogue des livres de la bibliothèque de feu François-César Le Tellier, marquis de Courtanvaux, capitaine-colonel des Cent-Suisses. *A Paris, chez Noyon l'aîné*, 1782. In-8, veau écaille, tr. jaune.

Prix d'adjudications, manuscrits en regard de chaque article. A la fin se trouve reliée la table imprimée des noms d'auteurs et des prix d'adjudication.

1256. Catalogue des livres rares et précieux de la bibliothèque de feu N. Ant. Bern. Caillard. *A Paris, chez De Bure*, 1810. In-8, avec la table des noms d'auteurs, veau marbr., tr. jaune.

Exemplaire avec les prix d'adjudication mis à l'encre.

1257. Catalogue de la bibliothèque d'un amateur, avec des notes bibliographiques, critiques et littéraires. *A Paris, chez Antoine Augustin Renouard*, 1819. 4 vol. in-8, demi-rel. cuir de R. n. rog.

1258. Catalogue de la bibliothèque de son Exc. M. le comte D. Boutourlin. *Florence*, 1831. In-8, fil. dent. à froid sur les plats, tr. dor.

1259. Catalogue de la riche bibliothèque de Rosny. *Paris, Bossange pere*, 1837. In-8, demi-rel., cuir de Russie, tête dor. ébarb.

1260. Catalogue des livres et des manuscrits, la plupart relatifs à l'histoire de France, composant la bibliothèque du bibliophile Jacob. *Paris, chez Techener*, 1839. In-8, demi-rel. veau fauv., tr. jasp.

1261. Catalogue des livres composant la bibliothèque de feu M. Raoul Rochette. *Paris, J. Techener*, 1855. In-8, demi-rel. veau rose, tr. jasp. (3363 numéros).

1262. Catalogue de livres anciens et modernes, provenant des bibliothèques de feu M. Ch. de Pougens et M. Th. Lorin. *Paris, Tross*, 1858. In-8, demi-rel., avec coins mar. La Vall. doré en tête, n. rog.

On a relié à la suite : La seconde partie de la Bibliothèque de rel. Sig. March. Costabili de Ferrara.

1263. Catalogue d'une collection des livres rares provenant de la Bibliothèque de feu M. Perret. *Paris*, 1860. In-8 demi-rel. avec coins mar. r., tête dor. non rog.

1264. Catalogue des livres anciens et modernes, composant la bibliothèque de feu M. Emeric David, avec une notice bibliographique par P. Lacroix. *Paris, chez J. Techener*, 1862. In-8 demi-rel., avec coins, mar. r., tête dor. n. rog.

1265. Catalogue des livres de feu M. de Manne, suivi de manuscrits, lettres autographes et autres documents provenant du cabinet de M. d'Anvillé. *Paris, François*, 1863. — Catalogue des livres de la bibliothèque de M. Jomard. *Paris Benjamin Duprat*, 1863. — Catalogue des cartes, plans et atlas de géographie, provenant de la bibliothèque de M. Jomard. *Paris, Benjamin Duprat*, 1864. — 3 catalogues en un vol. in-8, demi-rel., avec coins, mar. noir, tête dor., n. rog.

1266. Catalogue des livres composant la bibliothèque de feu M. J. Fr. Boissonnade. *Paris, Benjamin Duprat*, 1859. — Catalogue des livres de feu M. C. B. Hase. *Paris, Adolphe Labitte*, 1864. 2 catalogues en 1 vol. in-8 demi-rel., avec coins, veau fauv., tête dor., ébarb. (*Petit*).

1267. Catalogue des livres rares et précieux, manuscrits et imprimés, composant la Bibliothèque de M. Chedeau de Saumur. *Paris, L. Potier*, 1865. In-8, demi-rel., avec coins, mar. bleu, tête dor., n. rog.

1268. Catalogue des livres composant la bibliothèque de feu M. L. J. S. E., Marquis de Laborde. *Paris, Adolphe Labitte*,

1871. In-8 demi-rel., mar., la Vall., avec coins, tête dor., ébarb.

1269. Catalogue des livres composant la bibliothèque de feu M. Guizot. *Paris, Adolphe Labitte*, 1875, 2 parties en 1 vol. in-8 demi-rel., veau bleu, tr. peigne.

1270. Catalogues des livres précieux, manuscrits et imprimés, faisant partie de la bibliothèque de M. Ambroise Firmin-Didot. *Paris, Adolphe Labitte*, 1878-79. 2 vol. in-8, br.

ENCYCLOPÉDIES

1271. Encyclopædia Britannica, or, a Dictionary of Arts, sciences and Miscellaneous Litterature, etc. *Edinburgh*, 1797, 8e édition, 18 vol. in-4, illustrés de 542 planches, v. écail. ant. — Supplement to the third edition of the Encyclopædia Britannica, by George Glaiz. *Edinburgh*, 1803, 2 vol. Ens. 20 vol. in-4, 50 planches, v. écail. ant.

1272. Nouvelle revue encyclopédique publiée par MM. Firmin Didot frères. *Paris, chez Firmin Didot frères*, 1846-48, 5 vol. in-8, demi-rel., veau vert, tr. jasp.

1273. Dictionnaire de la conversation et de la lecture, inventaire raisonné des notions générales les plus indispensables à tous, par une société de savants et de gens de lettres, sous la direction de M. W. Duckett. *Paris, aux comptoirs de la direction*, 1852-58. 16 vol. gr. in-8, texte à 2 colonnes, demi-rel., mar. bleu, tr. jasp.

TABLE DES DIVISIONS

SAINT-QUENTIN. — IMPRIMERIE JULES MOUREAU.

www.ingramcontent.com/pod-product-compliance
Ingram Content Group UK Ltd.
Pitfield, Milton Keynes, MK11 3LW, UK
UKHW020310180726
13839UKWH00001B/428